校本研修
十讲

张 丰 / 著

教育科学出版社
·北 京·

谨以此书献给敬爱的顾泠沅先生，纪念全国"创建以校为本教研制度建设基地"项目启动 20 周年。

目　录

第五部分 促进团队发展的教师评价

引　论

校本研修的实践缘起

在我国中小学，"校本教研"已是教师耳熟能详的词，也是学校教学业务工作的要点。但为何要在"教研"之前冠以"校本"二字？为何不直接称其为"学校教研"，而要强调"以校为本"呢？加强校本教研，会不会削弱区域教研呢？

作为全书的引论，本部分内容想与读者做以下三方面的分享：一是为什么要提出以校为本的教学研究；二是从"校本教研"到"校本研修"的实践意义；三是推进校本研修的实践切入点。

一、为什么要提出以校为本的教学研究

21世纪之初，我国提出"校本教研"的实践动因与第八次课程改革有关。2001年，第八次课程改革启动，计划采用自上而下的系统培训来帮助基层教师理解和实践新课程。虽然新一轮轰轰烈烈的新课程培训较以往的培训更为有效，大多数教师对新课程的理念已表示认同，但是教师们对于如何上课仍感到困惑，对这样的培训仍感觉"不解渴"。当时的一项调查发现，有74.2%的教师认为，让自己最有收获的培训方式是"有指导性的讨论和研讨"。[①] 要帮助教师进一步理解并实践新课程，我们还需要依靠已有一定实践基础的中小学教研制度，重视基层学

---

① 马云鹏，唐丽芳.新课程实施的现状与对策：部分实验区评估结果的分析与思考[J].东北师大学报（哲学社会科学版），2002（5）：124-129.

校的教学研究活动的有效开展。

2003 年，教育部发文指出，要将教学研究的重心下移到学校，通过以教师为主体的研究活动，深入了解并及时解决教学实践中的困难和问题，总结、推广教学经验，探索教学规律，形成民主、开放、科学的教研机制，在课程改革的实践中不断提高教师的教学专业水平和中小学课程建设与管理的能力。[①] 这或许是我国关于"校本教研"最早的正式表述。

重视学校教研工作，为什么还要强调"以校为本"呢？有人认为校本教研是第八次课程改革后的新事物，也有人将校本教研与一直在开展的教研组活动相等同。我们认为，对校本教研的理解必须放置在学校教学业务工作的整体视域下来进行，需要对学校教育教学研究的发展历史进行必要的回溯。

（一）基于朴素自觉的学校教研

20 世纪 80 年代，我国中小学教学秩序迅速恢复并逐步完善。因为当时交通与信息交流不便，教师们主要依靠校内教学研讨，相互帮助，以改进教育教学。我国传统的中小学教研制度对此发挥了积极作用。其间，也有一些教师从总结经验起步，自觉进行相对分散的教育教学研究。这正是教科研课题的萌芽。

进入 20 世纪 90 年代后，由于社会对显性教育质量的关注，将学生考试成绩与教师业绩考核紧密挂钩的做法被推广开来。教师们的关注点逐渐转向功利的分数。竞争是一把"双刃剑"，它既可能是激励性的赋能，也可能会削弱教师们的合作精神。今天教师之间"竞争有余，合作不够"的问题就在那个时期有了苗头，渐失合作精神的校内教研活动的质量也逐渐退步。

（二）发挥辐射指导功能的区域教研

也是在 20 世纪 90 年代左右，随着交通的改善和区域教研工作的发展，教师们比以前更关注有无参加县市教研室组织的教研活动的机会。当时开展的教学观摩、培训讲座、研讨交流、教学评比等区域教研活动对教师们的帮助比较大。区

---

① 刘良华，谢雅婷 . 校本教研在中国的演进 [J]. 全球教育展望，2021，50（11）：3–14.

域教研工作的重点主要是贯彻执行上级制订的教学计划、教学要求等，备课分析、课堂研讨、资料编写、组织考试是当时教研工作的主要内容。这为稳定教学秩序、提高教育质量做了大量的基础性贡献。

事物的发展总是辩证的。随着时间的推移，区域教研的许多原本的工作优势也渐渐显露出一些弊端：教研工作关注自上而下的"贯彻执行"较多，针对学校实际的、指向源于实践的问题的研究相对较少；学科教研工作体制效率较高，但强化了学科思维，忽略了综合思考；评比竞赛多而深度探讨少、预设展示多而成果生成少、重视精彩活动而忽视深入研究等问题逐渐凸显；对教研活动的组织方法缺乏研究，组织方式亟待创新，活动实效有待改善。

（三）群众性教育科研的兴起

还是在 20 世纪 90 年代，在学校教育教学规范得到基本落实后，主张学校特色建设和学生个性发展的教育思想悄然兴起，群众性教育科研活动迅速活跃起来。各地通过课题管理与指导，普及教育科研方法，策动区域性教学改革，促进学校和教师开展理论联系实践和综合视野的研究。

这些以中小学一线教师为主体的、关于具体教育教学实践的研究，因循自下而上的生成线路，尊重教师个体差异和特点，反映了教师思考探索的主动诉求。很多学校在这一时期设立了教科室，组织教师开展教育科研，在众人踊跃参与的研究实践中培养业务骨干，增添学校的办学活力。

在学校教育中，教育科研应如何定位呢？教科室是与教学研究相平行的、只研究综合的非学科问题的"综合研究室"吗？是不涉及具体教育教学问题、主要负责文本表达与包装的"宣传写作室"吗？是只管课题立项和成果评奖的"课题管理室"吗？是只传递课题材料和上级文件通知精神的"传达室"吗？都不是的。教育科研的本质是一种工作方式，一种以研究的方式改进教育教学的思路与方法。

任何一项政策都会有激励效力衰退的时候，积极的因素与可能产生的消极作用相倚相伏。进入 21 世纪后，各地出台了一些在各类教师评价与学校评价中增加科研工作指标以激励基层参与研究的政策，潜存的功利力量逐渐增大，出于评职称或评奖需要的"成果驱动"的研究越来越多，而旨在个人专业进步的"成长驱动"的研究却越来越少，注重华丽言辞、追求形式包装、脱离实践一线、臆造概念理论等现象在一些地区不同程度地存在。许多学者开始反思：教师的研究究竟应该为了什么？

（四）教师继续教育与校本培训

1999年，教育部发布《中小学教师继续教育规定》。这是具有战略意义的重要规章，是教师学历补偿教育基本完成后，国家对教师在职教育重心的调整，其主旨是推动教师专业能力的持续提高。教学研究、教育科研也都是以促进教师专业发展为工作目标的"同盟军"。

教师继续教育的规划是正确的，但实际推进中却出现了许多困难。由于继续教育活动过于依靠行政力量，强调学分在考核中的作用，教师被动参与和形式化参与的比例不小。因为原先主要承担学历补偿教育的教师培训机构与基层中小学之间缺少相濡以沫的关系，所以工作推进中对教师需求的研究少、迁就自己的困难多，设身处地基于"学校立场"的考虑少、基于部门利益的考量多，从而使继续教育更多地以管理者的姿态出现，而面向教师的服务意识相对欠缺。此后，教育行政部门出台了多方面措施来克服工作推进中的这些困难。学校也积极寻求和教师的"双向奔赴"，因为提高教师素质也是学校长远发展的重要基础。

在落实教师继续教育规定的过程中，有些学校积极探索改进教师学习的方式，形成了校本培训的新经验。其实"校本培训"（school-based inservice education）一词较早出现于英国，并成为其教师教育的重要方式。1972年，英国《詹姆斯报告》指出：教师的在职培训应始于学校。学校是教学实际发生的场所，是各种课程与教学技能得到发展的场所，是各种教育需求与不足得以体现的场所。每一所学校都应将教师的在职教育视为其任务的一个必要部分，而且学校的每一个成员都对此负有责任。[①] 校本培训更加尊重教师的个体需要与工作实际，能让教师获得更多的教学自主权和发言权。通过教师自主界定培训需要，培训活动会对教师在教育教学实践中遇到的问题有更多的关注，进而有助于这些问题的解决。

---

① Department of Education and Science.Teacher Education and Training[R]. London：HMSO，1972.

　　教师们在实践中能体会到校本培训的意义与价值，但大家对校本培训的理解也并不完全准确。有些教师只是望文生义地将"校本"理解为场所的转移，认为发生在学校的教师培训就是校本培训。其实，校本培训的实质是教师业务学习和成长机制的转变。

（五）新课程背景下的校本教研实践

　　进入 21 世纪后，新课程改革推动学校教育的全方位变革。以校为本的教学研究既是帮助教师理解和实施新课程的有效载体，也是教师专业发展的基本制度，更是学校教学业务工作反思与改进的积极行动。只有从教学实践的落实、教师的专业发展以及学校业务工作系统的完善等多元的视角，我们才能全面地理解和把握校本教研的意义。

　　校本教研不只是学校的行动，也是区域教研的责任。它是教研工作探寻转变工作方式，在工作目的与方法上回归本源的选择，意在将教育科研的方法论与长期坚持的教研工作相结合。在世纪之交的时间节点，教研工作主要采用自上而下的方式来推动，而教育科研工作的特点却是自下而上的培育，针对教育教学实践中的问题与困难，在积极研究探索中形成解决问题的对策与建议。这两方面的结合，既是教育科研活动的深化，也是对教研工作机制与方式的有益补充。

　　在学校中，教学研究与教育科研不应是并列的两件事。近年来，教学研究与教育科研间的"藩篱"确实有所减少，教学研究"脚踏"的是丰富的实践领域，教育科研的价值在于方法论这一"武器"。它们的共同本质是研究，共同目的是问题解决与师资进步。与其将两者视为两条平行线延伸到学校，我们还不如将校本研究与校本教研结合起来，让两者形成合力。"教""研"相融，是校本教研的时代意义的重要方面。

　　之所以突出强调"以校为本"，是因为学校教学研究一定要立足本校实际，旨在解决教育教学实践中的真实问题。尽管区域管理可能还在强化对学校与教师的外在激励和驱动，但校本教研其实是学校教研制度从"外控型"走向"内生型"的行动，强调"基于学校""为了实践""依靠教师""促进发展"。它必须以本校教师为实践主体，发挥教师的能动性与创造性，鼓励教师积极参与教学研究，在教育教学改进行动中实现自身专业发展。

面对蓬勃兴起的校本教研实践，区域教研应如何看待，又可有何作为呢？校本教研与区域教研不是并列或互斥的概念，加强校本教研也绝不是"削弱"或"摆脱"区域教研。"以校为本"的意义在于尊重学校立场，从学校实际出发，坚持学校与教师的实践主体地位。区域教研工作的根本目的应是推动学校教学业务工作的有效开展，激活学校教学改进行动。因此，区域层面通过教研组长培训、学校教研工作指导等形式提升学校教研能力、提高学校教研活动质量的工作，也属于校本教研的范畴。这也是区域教研工作的基本职能。

学校不仅要成为学生成长的场所，同时也应是教师成就事业、学习进步的基地。校本教研的实践本质是在学校层面形成促进师生共同成长的机制。

二、从"校本教研"到"校本研修"的实践意义

正是从促进师生共同成长的高度思考问题，校本教研与校本培训渐渐走向统一。对于一所学校来说，教师的研究、培养与教育教学工作应该是紧密联系的。教师研究总是围绕教育教学而展开的，教师培养须关注教育教学素质的提升，而教师研究又是教师培养的重要路径。我们要坚持"教""研"相融、"研""修"结合，将这些工作统一在学校业务工作的范畴下，共同作为立足学校、结合实践的教师专业发展体系的重要组成部分。

2004年，全国"创建以校为本教研制度建设基地"项目组负责人、时任上海市教育科学研究院副院长顾泠沅先生最早提出了"校本研修"一词。此后，人们逐渐接受"校本研修"的提法，因为它更好地体现了校本教研促进教师专业发展的本质，反映了加强教师培训与教育教学研究的联系的发展方向，注重在帮助教师解决教育教学问题的过程中培养师资，有助于提高教师培训的实效。

没有与教学实践研究紧密结合的培训往往效果不佳，没有借助培训活动实现交流与推广的教学实践研究往往效率不高。校本教研有助于发掘教师身边的教育资源，引导教师研究和学习同伴的经验，使课堂讲授式的培训分散渗透在无形的工作活动中。与其视"教研"与"培训"为彼此独立的两项工作，还不如以"校本研

修"将之整合在一起。"研"反映的是教师的活动方式与活动性质,"修"反映的是活动的长远目的与意义。校本研修将活动目的与活动路径结合在一起,既是教师研究方式的深刻变革,同时也是教师学习方式、专业发展方式的与时俱进。①

以"校本研修"替代"校本培训",体现了促进教师专业发展的策略从课程取向转向研究取向。校本研修将解决教师教育教学实践中的问题与教师专业发展的目标有机统一起来,强调基于教师知识结构的特点、遵循教师专业成长的机制来策划教师研修活动,探索教师研修成长方式的转变。

(一)我们的教师缺什么? ——教师知识结构的特点

林崇德教授等人认为,教师应有三方面的知识:一是本体性知识,即具体学科的专业知识,是关于"教什么"的知识;二是条件性知识,即教师对"如何教"的理解,是教师将本体性知识转化为学生可以理解的知识的能力和智慧,教育学、心理学、学科教学论、教育心理学等都是条件性知识的重要方面;三是实践性知识,即教师面临具体教学情境时,支持其思考、解释与决策的知识,譬如方法论知识以及教师积累的教学经验。②

当前,教师职前教育相对重视本体性知识的学习,条件性知识的概念框架也已初步建立起来,但这并不代表师范毕业生就能胜任教学。因为,没有一定的实践性知识的支持,条件性知识并不能发挥"将知识转化为素养"的作用。因此,教师迫切需要实践性知识以及关于条件性知识如何应用的知识。这是教师在职培训的重点。

但是,通常的教师培训试图以更适合传递本体性知识和条件性知识的讲授方法来帮助教师获得实践性知识,却往往事倍功半,遭遇困难。这是因为,实践性知识有着和另两种知识截然不同的学习机制。它只有结合实践案例,通过真实课堂和具体教育实践的研练,才能有所提高。这就是教师研修的规律,也是教师研修范式转变的依据。

---

① 陈骁.再造教师的学习文化:访上海市教科院副院长顾泠沅 [J].现代教学,2005(1/2):6-9.
② 林崇德,申继亮,辛涛.教师素质的构成及其培养途径 [J].中小学教师培训(中学版),1998(1):10-14.

（二）怎样让教师获得所需？——实践性知识的学习机制

发展教师的实践性知识是教师职后教育的核心。我们认为，可以通过以下学习机制，促进教师实践性知识的发展。

1. 鼓励教师"对行动反思"和"在行动中反思"

教师的实践性知识不会产生于外在已有的知识体系，而是个人在实践过程中经过与环境的对话和交流，在不断反思的基础上逐渐生成的。依赖讲授式的培训无法解决教师实践性知识之需，教师只有努力学会"对行动反思"和"在行动中反思"，才能逐渐增长自己的实践性知识。"对行动反思"是指教师对自己已经经历的事件的反思；"在行动中反思"是指教师在行动过程中，特别是当行动遭遇不曾预见的困难情形时，对看待问题或现象的新方法的寻找。[①]

2. 重视现场研究与叙事研究

教师的实践性知识大都以"案例知识"的形式进行积累，这是其情境性的体现。因此，实践性知识往往生成于教师实践活动现场。不管是对于现场的当事人（如上课教师），还是对于现场的旁观者（如观课教师），现场的问题或现象都能更好地激发大家唤醒默会知识，捕捉瞬间灵感。在没有把握住现场研究机会时，教师还可以通过叙事研究再现现场，在基于情境的决策中体悟实践性知识。

3. 鼓励问题解决导向的行动研究

教师的实践性知识是为解决实际教学问题服务的，为解决具体工作问题的行动研究是最真刀真枪的学习。一方面，行动研究因为其针对性而使实践探索更有意义；另一方面，行动研究因为关注操作而使实践探索更具可推广性。所以，在工作岗位上的行动研究是教师获得实践性知识的重要途径。

4. 设计基于实践任务的学习

教师获得实践性知识的最好机会是在具体任务完成过程中的"做中学"。教师在承担有一定挑战性与激励性的任务时，容易表现出乐于学习、善于学习的品质。这可能是"在行动中反思"，也可能是在任务驱动下的"行动前的学习"。

---

① 邹斌，陈向明. 教师知识概念的溯源 [J]. 课程·教材·教法，2005，25（6）：85–89.

5. 营造交流互动的氛围，促进合作研究

过去我们比较倡导教师向专家学习的"课程式培训"。尽管这是必要的，但这不是教师学习的最重要的形式。因为面对实践性知识时，专家的角色会从概念授予者变为伙伴点评者，试图让专家预设性地讲授实践性知识是违背规律的。专家的作用是帮助教师基于实践或案例更有效地生成实践性知识。这一角色的本质是合作与共享。在基层的教师学习中，营造同事间的研究交流氛围是最重要的。因为"专家"本身也是一个生成的人物。

教师的反思学习、案例研究、行动研究是当前提倡的教师研修范式，任务式学习、同伴交流合作是提高教师研修效率的重要策略。

（三）如何适用于不同发展阶段的教师？——教师研修的层次性模型

学校要遵循教师的专业成长机制来策划校本研修。教师从新手入门到成长为专家型教师，其研修的关注点与基本范式有循序渐进的特点。

在学校中，最重要、最基础的教师研修并不是教师听讲座、写论文，而是帮助教师理解并落实教育教学常规的教学过程管理。学校首先要帮助新手教师锚定"心中有规则"的目标，通过规则学习、专题研习、师徒帮扶、达标考核等多种形式，帮助教师掌握备课、课堂教学、作业设计、学生指导、考试评价、班级管理、家长沟通等常规工作的要领。教师研修应从改进教育教学过程做起，优化学校教学管理，挖掘学校教学过程管理中的研修要素。

在新手教师达到教学常规要求，努力成为骨干教师时，他们会更为关注自己把握教育教学现场的本领，更加积极地参与教育教学的操作性研习，希望通过对课堂的琢磨来提高自身的教育教学水平。这就要求学校重视教研活动的组织策划，提高教研活动的质量，通过有效的教研活动，帮助教师达成"手上有技术"的目标，促进教师的专业成长。

骨干教师的教学技艺进一步成熟后，他们会更多地关注教学行为背后的道理。此时学校要推动他们学习并应用理论来改进实践，在探究性实践中促进教师专业素养的提升。学校可通过有效的校本培训与教育行动研究，促进教师在沟通理论与实践的教育教学改革中得到真正的成长，帮助教师达成"脑中有智慧"的目标。

图 1 是我们 2007 年提出的"教师研修的层次性模型"。学校的教师研修只有尊重教师之间的差异化需求，才能提高实效。

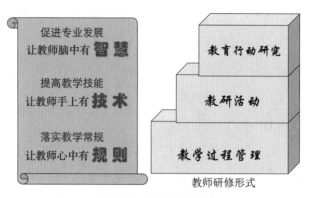

图 1　教师研修的层次性模型[①]

以校为本的教师研修，是对数十年教学研究、教育科研和教师培训工作的反思与改进。它整合了校本教研、校本研究和校本培训等教师在实践中学习与研究的相似形式，从不同角度完善和加强了共同的工作。表 1 对校本教研、校本研究、校本培训三者进行了比较分析，我们可从它们之间的同中有异、异中有同中体会今后的实践策略。

表 1　校本教研、校本研究和校本培训的比较

	校本教研	校本研究	校本培训
目标	注重行为跟进	注重成果报告	注重观念转变
内容主题	以学科为主	学科与通识兼顾	以通识为主
形式	教学现场的分析	专题讨论等	观点宣讲、操作训练
活动组织	学科小组	研究小组	一般全校集体
组织单元	教研活动	以课题为主	培训活动
正式程度	可以不很正式	可以不很正式	较为正式
不足之处	过于强调学科思维，综合关注不够	研究方法要求稍高，导向不当会虚化研究	兼顾教师差异相对困难

我们要充分利用教研活动、课题研究、集中培训以及自我学习等所有能有效

---

① 　张丰. 校本研修的活动策划与制度建设 [M]. 上海：华东师范大学出版社，2007：4-7.

促进教师学习提高的载体，提高教师朴素、自觉的研究意识与学习意识，让在研究状态下学习、工作和生活成为教师的职业习惯。

三、推进校本研修的实践切入点

推进校本研修，一方面要重视教育教学一线，改进教学过程管理，提高教育教学活动成效；另一方面要重视教师专业发展，改进教师学习、研究与培养机制，探求教师成长方式的转变。

（一）改进教学管理，挖掘管理的指导功能

人们往往将教学管理与教师教育视为不相关的两件事，以为管理就是命令、检查、评价等"控制性行为"，殊不知教学管理也应有指导功能。好的管理同时就是对教师专业发展的促进。所以，我们将学校教学管理与校本研修相联系，将改进管理作为推进校本研修的一个实践切入点。

教学常规管理是学校中的一项基础工作。这项工作一方面督促教师落实教学常规要求，另一方面指导教师学习与研究教学常规，促进教师基于研究改进教学过程。譬如许多学校都有教师教案检查制度，这是备课管理的具体环节。学校备课管理的目的，究竟是督促教师书写教案，还是督促教师落实教学准备，抑或是指导教师学会备课呢？答案无疑是"指导教师学会备课"。但是现实中，我们关注得更多的往往是前两者。如果管理者简单地按"控制性"的思维执行制度，只是定期检查书面的教案，教师就有可能出现"有教案无备课"的怪象；当管理者结合随堂听课来检查教案时，教师的着力点就会转移到教学准备环节；而如果管理者常常组织备课研讨，关注教师教案本中的课后反思与迭代设计，教师就会在落实教学准备的同时，更多地致力于对备课本身的钻研。这便是我们提出学校教学管理应从"控制性管理"走向"指导性管理"的实践由来。

对于备课管理、课堂教学检查与指导、作业管理、实践活动管理、考试与评价管理等具体的业务性工作，我们切不可沿用事务性工作的风格，以刚性的制度替代研究，以简单的评估替代指导。没有指导的管理一定不是完善的管理。推进

校本研修，须针对学校教学管理"控制有余，指导不够"的问题，克服过度行政化倾向，推进教学管理的转型，让管理实践也具有研修意义，彰显其指导功能。

教师教育、校本研修，这些貌似"后台"的实践，却可以通过指导性教学管理的纽带，直接连接"前台"，融入教师亲身经历的教育教学实践中。

（二）深化课例研究，探索"学习中心"的教学改革

改进课堂教学一直是教学研究的核心任务。数十年的教研活动已形成如"磨课""同课异构"这样的教师们十分熟悉的教研形式。在推进校本研修的过程中，关于如何研究课堂教学的研究取得了迅速的进步。

得益于顾泠沅教授团队的学术贡献与专业引领，课例研究已作为校本研修的基本模式，成为促进教师专业发展的可操作途径，在全国产生了很大的影响。经典的"三阶段两反思"行动教育模式[①]，作为教师在职学习的范式革新，已是实践推广最多的改进课堂教学的研究框架。相对于传统的听课评课、观课议课活动，课例研究更为关注课堂教学改进的进程，将课堂改进视作案例进行解剖分析，聚焦对某一课堂所反映的具有普遍意义的教学问题的深入研究，强调教师在研究中的行为跟进及对行为跟进的进一步研究。特别是上海市教育科学研究院王洁教授提出的"走进课堂做研究，走出课堂讲故事"的生动形式，更是发展了课例研究的实践模式。[②] 它通过教研策划促进教师在选择研究问题、做异质小组团队研究，以及"讲故事"与"写课例"的过程中，经历不同机制特点的深入思考。

在华东师范大学崔允漷教授的指导下，杭州市余杭高级中学研究构建的课堂观察框架，也是同一时期聚焦课堂教学研究技术的研究成果。它包括学生学习、教师教学、课程性质和课堂文化等 4 个维度、20 个视角、68 个观察点。基于这一框架的观察分析，将引导教师深入思考以下问题：学生在课堂中是怎样学习的，是否有效？教师是如何教的，哪些行为是适当的？这堂课是什么课，其学科性质

---

① 王洁，顾泠沅.行动教育：教师在职学习的范式革新 [M].上海：华东师范大学出版社，2007.
② 欧益生，王洁.从培训走向学习：透过实践共同体的教师在职学习 [J].基础教育课程，2008（9）：24-27.

表现在哪里？观察者对该课堂的整体感受如何？[①] 课堂观察关注课堂现场的诊断分析，促进教师更为全面地理解课堂，理解学与教。学校应将课堂观察作为一项教师专业活动来运作，既重视观察前的商讨、沟通与研究，也重视观察后的分析、对话以及共识的达成与行为的跟进。

在课例研究、课堂观察等课堂研究技术与方法的引领下，中小学教师研究与改进课堂的实践变得更为有效，传统的"磨课"与"同课异构"等教研实践也被植入了新的智慧，在实践中衍生出如"现场改课"[②] 等许多变式。特别是近年来信息技术工具的引入，使得课堂教学分析更为细节化，视角也更为丰富。借助技术手段的课堂视频分析与课堂话语分析也在努力从"小试"走向推广实践。

正是在这些深入研究的启发下，人们对以往"重教轻学"的课堂的反思更为深入，课堂教学研究的焦点也从实践初期教学研究的技术与方法转向学生学习机制的改变。具有工具意义的研究方法与研修实践，再次直面教育教学现场，成为推进"学习中心"的课堂教学改革的实践基础。

（三）聚焦教研策划，探寻教师研修的真正主体

以往的教师培训与教研活动采用的多是"传播模式"，即少数人精心准备内容并向大家传达。这与"重教轻学"的课堂十分相似，教师们因缺少真实参与而收获寥寥。推进校本研修，必须改变教师学习的机制，让教师真正成为研修活动的主体。因而，教研策划是又一个重要的实践切入点。

2005 年 1 月，我在第二届"创建以校为本教研制度建设基地"项目经验交流与研讨会上做了关于"教研活动策划"的发言，提议教研活动的组织者也要像教师重视备课一样，重视教师研修活动的策划研究。我从教研活动的形式、组织策划的方法、有效教研活动的观察视角等方面初建了教研策划的基本思路，首创了研修案例的研究形式，引入了叙事研究方法，从教研实践故事中归纳总结教研策划的规律与方法。

---

① 沈毅，崔允漷. 课堂观察：走向专业的听评课 [M]. 上海：华东师范大学出版社，2008.
② 斯苗儿. 好课多磨：斯苗儿"现场改课"理念与实践 [M]. 北京：人民教育出版社，2021.

在推广应用教研策划的策略与方法的过程中，我们取得了新的突破。由杭州市拱墅区赵群筠老师在语文教师"领雁工程"培训中摸索构建的"实践研修"模式，成为真正以教师为研修主体的实践范式，真正实现了从"培训"到"研修"的突破。教师从"受训者"转变为"研修者"后，他们与组织者的互动关系和话语角色发生了改变，这更有利于他们积极主动地参与学习与研究。

这一时期我们在探索与推广中积累了许多实践研修的案例，并从教师研修机制的层面进行了研究分析。[①] 这与后来传入的"教师工作坊"有许多异曲同工之处。在推进校本研修的实践切入点中，通过改进教研策划促进教师参与，提高活动实效是根本之计，不容忽视。

（四）坚持实践取向，推动教师研究返璞归真

一线教师开展课题研究，也是校本研修的重要方式。然而，在功利因素的影响下，教师研究存在一些不当倾向。

推进校本研修，必须先端正研究定位。教师研究未必都要以知识生产与实践创新为目标，而是要将研究化为个人的工作方式，让其成为个人提高工作质量的态度与思维方法。鼓励教师研究，推崇的是一种精神、一种方法论的确立。能否敏于发现困难与问题、善于找到问题解决的切入口、勇于实践去探索解决问题，都是衡量教师是否具备职业品质的重要方面。课题可能只是我们以研究的名义组织团队研修的一种形式，研究更应该是教师成长的"云梯"。

推进校本研修，必须坚持实践取向。我们要引导教师从具体课堂的讨论，上升为对某一专题、某一教学困难的针对性研究，从对教育教学实践的反思入手，积累实践改进的案例，基于丰富的实践来提炼问题解决的策略；还要鼓励教师采用科学研究的方法，有组织、有计划地在真实的教育情境中开展教育行动研究，寻求教学实践问题的解决办法，进而形成相对系统的教育教学改革活动。

推进校本研修，还要扭转评价导向。我们要简化研究成果报告的形式要求，倡导教师简明实在、通俗易懂地呈现研究，以同行能够理解的方式表述成果；还

---

① 柯孔标，张丰．校本教研的浙江模式 [M].杭州：浙江教育出版社，2010.

要克服教师研究与教育教学工作脱节的问题，引导研究从注重概念创新走向注重实践改进。

（五）重视制度建设，培育民主、开放、合作的研修文化

21世纪之初，教育部提出校本教研工作方向时，就着眼于教研制度建设，以培育民主、开放、合作的教研文化作为长远目标。要构建旨在促进师生共同发展的学校教学业务工作体系，完善立足学校、结合实践的教师专业发展体系，我们就必须要有目光长远的可持续发展战略。

校本研修制度建设要以帮助教师体验职业兴趣、取得专业进步为主旨，从教学常规管理、教研活动、学习与研究、教师评价等方面形成促使教师将学习与研究融于具体工作中的工作制度。我们要强调教师在改进教育教学过程中的体会，重视以教研组为基础的学习研究活动对教师的积极赋能，关注教师研修过程的有效性，通过改革教师评价，发挥其对教师研修发展的正向"杠杆作用"，扭转"竞争有余，合作不够"的消极态势，真正激发教师活力。

推进校本研修，并不是一项短期的具体任务，而是教育事业发展中深层次工作机制的一部分。在深化课程改革的实践中，我们能够深刻体会到校本研修在学校发展中的基础作用。它好似一个整体工作的"底座"。德育工作、教学改革、课程建设、评价改革……，不管是学校的日常工作还是专题性重点工作，所有追求内涵发展的工作都必须重视和依靠校本研修的基础支持，校本研修这一着眼于师生共同发展的工作机制是学校各项工作质量的重要保证。

上述五方面实践切入点的前四点，正是浙江校本研修的实践特色。本书前八讲将围绕这四方面展开：**从教师教育与教学管理的双重视野来推进校本研修，发挥学校教学管理的指导功能**（第一至四讲）；**从关注课堂教学研究技术到关注学生学习机制，以转变学生学习方式的高度，提升教师的执教能力、专业素养和学生意识**（第五讲）；**以教研活动与培训活动为研究对象，研究组织策划的方法与技术，推广研修案例的研究形式，率先构建"实践研修"模式**（第六至七讲）；**简化教师研究的形式要求，倡导教师研究返璞归真，遵循"从问题到建议"的思维足迹，让教师以研究的方式改进教育教学**（第八讲）。第九讲与第十讲将从教研组建

设与教师评价两方面讨论校本研修的制度建设。图 2 为全书五大部分十讲的逻辑关系示意图。

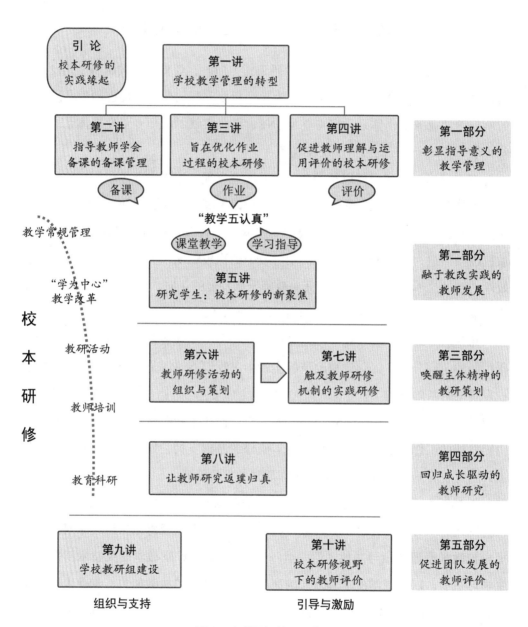

图 2 本书逻辑关系示意图

第 一 部 分

彰显指导意义的教学管理

第一讲

学校教学管理的转型

推动学校教学管理的转型，从教师教育与教学管理的双重视野来思考校本研修，有助于重构学校教学业务工作体系，重建学校教学管理规范，做到"指导性管理"。教师研修要从改进教育教学过程做起，帮助教师更好地理解并落实教育教学常规，"让教师心中有规则"。

在引论的最后，我们提到要从教师教育与教学管理的双重视野来推进校本研修，推动学校教学管理从"控制性管理"走向"指导性管理"，挖掘管理的指导功能，让教育教学常规管理也具有研修意义，并成为教师的专业发展活动。这是一个有些独特的视角，也是一个很有挑战性的课题。

本书前四讲是一个整体，一起聚焦讨论上述课题。第一讲是这个部分的总起，我们将讨论以下四个问题：

第一个问题：学校教学管理转型的指导思想是什么，我们如何深入理解其意义？

第二个问题：学校教学管理转型的工作策略是什么，这是在怎样的背景下提出的？

第三个问题：如何将落实教学常规与教师研修相联系？

第四个问题：如何在学校教学常规管理的具体实践中做到"指导性管理"？

一、从"控制性管理"走向"指导性管理"

在深化课程教学改革的今天，学校越来越重视教育教学常规管理。在行政管理中，执行规章与命令是基本原则。但对于教育教学业务工作，教育工作者既要尊重与执行规章，也要尊重教育规律与学生成长规律。在现实的学校中，有两种管理取向同时存在，我们称之为"控制性管理"与"指导性管理"，以示区别（见表 1-1）。

表 1-1　"控制性管理"与"指导性管理"的比较

	控制性管理	指导性管理
特点	以事为本；重视计划与计划的实施	以人为本；重视教师的能力与成就感
管理策略	要求下级服从上级；通过执行管理者的意志，提高系统工作效能	激发教师的责任感；通过提高教师的素质，提高系统工作效能
管理行为	建立规章，定期检查，量化评价，利益挂钩；以自上而下的督促与评价为主	确定方向，条件支持，能力立意，激励进步；以将心比心的携手相助为主
关注点	关注结果，重视显性指标是否达到要求	关注过程，将过程中的方法与细节转化为指导教师的素材

（一）控制性管理取向

有些学校将检查作为基本的管理手段，提出细化的要求或规章，建立定期的检查督促制度；有些学校认为检查就应赋分量化，喜欢将质性的要求转化为各项得分，以便横向比较；还有些学校一组织检查就会想到利益挂钩，将工作要求较为具体地与教师利益联系起来。这种控制性较强的管理行为相当普遍，也产生了许多消极的影响。

《中国教育报》曾刊载过一篇题为《不当管理应为教案抄袭"埋单"》的文章。文章认为：如果学校里只是一两位教师抄教案应付检查，那是个别教师的职业精神问题；如果教师抄教案是普遍现象，那应该是学校的教案管理制度有问题。这就好比如果一个梨烂了，那可能是梨的问题；但如果一筐梨烂了，那可能是筐的问题。

定期检查、量化评价、利益挂钩是当前常用的管理手段，它们较多地借鉴了行政管理与企业管理的思维，依靠评价权与利益分配权来驱使或控制下属执行自己的要求。对于管理者来说，这些手段操作上较为简单，重在发挥自上而下的评鉴与规约作用；但对于被管理者来说，这些手段容易使他们产生对形式性要求的敏感和对工作要求本质意义的忽略，从而重视容易量化的要求而"软化"重要的原则。当人们对"上有政策，下有对策"的应付态度有一种默许后，他们的行为就会进一步功利化和片面化。

这种情况在学校教学管理中也同样存在。我们将这种主张强化规约来提高工作效能的管理取向称为"控制性管理"。它主要依靠强制的力量，代表的是一种秩序与指令机制。其行为表现主要为：学校在教学管理过程中，主要通过强化控制手段来减少实施过程中的偏差，力求教学规范有序，追求管理和教学的效率，以实现预期目标。

（二）指导性管理取向

尽管控制性管理是必要的，也是现实中较为普遍的管理取向，但在面对教学业务工作时，控制性管理却不是万能的。当走进教室面对学生时，教师是按照校长的指令来上课，还是依循自己的专业直觉来上课？答案是不言自明的。完全依凭控制性管理无法激发员工的活力，也无法帮助他们去面对复杂的挑战性问题。

这时，另一种管理主张出现了。这种主张认为，管理的核心是组织与指导，要通过提高员工的素质来提高工作效能。比如，备课管理应该重在帮助教师学会备课，还是督促教师书写教案？作业管理应该重在提高教师作业设计与布置、作业分析与反馈的能力，还是检查每天的作业量以及教师是否全批全改？尽管后者是重要的，但管理活动的重点应该围绕前者展开。这就是"指导性管理"取向，它主要依靠专业的力量进行业务工作管理。其行为表现主要为：学校在教学管理过程中，尊重教师的专业自主权，鼓励教师探索个性化的教学实践，注重利用多方专业力量来帮助、支持和引领教师改进教学。

我国中小学目前还是存在命令指挥多、沟通服务少，工作布置多、指导帮助少的现象。教学管理强调规章命令的执行多，针对实际问题组织教师协商研究改进少。不过，"控制性管理"取向与"指导性管理"取向并不完全是相斥的。学校中可能有既注重"控制性管理"又注重"指导性管理"的领导存在，同一个领导团队也可能同时包含偏重不同管理取向的干部。所以，我们可以通过学校教学管理行为的特点来判断两种管理取向的强弱，并据此进行学校教学管理风格的分类讨论。

（三）基于实证比较两种管理取向的利弊 [1]

在浙江省 2019 年初中教育质量监测 [2] 中，我们从"指导性管理"和"控制性管理"两个维度，进行了学校教学管理风格的分析。730 所样本初中被分成"强控制强指导""强控制低指导""低控制强指导""低控制低指导"等四类，我们分析了不同类型的学校教学管理风格对学生发展和教师工作状态的影响。

---

[1] 陈荣荣，张丰.学校教学管理的转型：从"控制性管理"到"指导性管理"：基于浙江省 2019 年中小学质量监测的数据分析 [J].上海教育科研，2021（5）：5–10.

[2] 在本次教育质量监测中，浙江省 730 所初中的 43668 名九年级学生参加了学科测试与问卷调查，9779 位教师参加了问卷调查。

调查发现，全省低控制低指导学校、强控制强指导学校的比例分别为 19.3%
和 19.5%，低控制强指导学校、强控制低指导学校的比例分别为 30.5% 和 30.7%。
我们可以猜测一下：四种不同教学管理类型的学校中，哪类学校的学生发展状况
最好呢？根据实证数据的总体分析（见表 1-2），强指导的学校学生发展状况明显
优于低指导的学校。在同为"强指导"的两类学校的比较中，除在与学业有关的
两项指标（学业成绩、高层次能力）上两类学校难分伯仲外，在其他学生发展指
标上均是低控制强指导学校明显优于强控制强指导学校。在同为"低指导"的两
类学校的比较中，除在与学业有关的两项指标上强控制低指导学校略有优势外，
在其他学生发展指标上均是低控制低指导学校明显占优。换句话说，强控制低指
导学校可能在以牺牲学生的全面发展为代价，来取得学业的一点优势。

表 1-2　不同教学管理类型学校的学生发展指数①

教学管理类型	学生发展指标										
	责任感	学业成绩	高层次能力	学习动力	学习策略	兴趣爱好	运动健康	同伴关系	师生关系	主观负担感受	自我认知
低控制强指导	74.3	512.3	54.5	70.8	66.9	80.5	72.6	75.1	74.8	59.1	69.6
强控制强指导	73.0	512.9	54.6	69.8	66.1	79.7	71.8	74.0	73.0	58.1	68.9
低控制低指导	71.4	494.0	51.4	68.3	63.7	78.5	70.6	72.5	71.1	56.1	67.3
强控制低指导	70.7	497.8	52.1	67.3	63.1	78.2	69.9	71.9	69.2	55.1	66.9

从以上数据我们可以看出，"指导性管理"对学生学业有明显促进作用，"控
制性管理"对学生学业也有一定的促进作用。但是，从学生发展的其他方面看，
在"指导性管理"倾向相当时，低控制学校学生的发展要优于强控制学校。为什
么强控制学校在学生全面发展上不如低控制学校呢？我们可以从不同类型的学校
教学管理风格对教师工作状态的影响中找到原因。

① 学生发展指标中的"学业成绩"采用量尺分数，即语文、数学、科学测试成绩标准化后的平均值（全省
平均值为 500）；其他指标均呈现为百分制形式的指数。某项指标指数越高，表示该指标的情况相对越好。

从教学评一致性、教师职业认同、教师满意度、教师研修发展等四方面看教师的工作状态（见表1-3），我们可以发现：四类学校在四方面指标上的排序高度一致，低控制强指导学校表现最好，强控制低指导学校表现最差，强控制强指导学校与低控制低指导学校分列第二与第三。也就是说，强指导的学校教师工作状态明显优于低指导的学校。

表1-3 不同教学管理类型学校的教师工作状态指数[①]

教学管理类型	教师工作状态指标			
	教学评一致性	教师职业认同	教师满意度	教师研修发展
低控制强指导	79.1	84.2	76.0	85.5
强控制强指导	77.0	81.2	72.0	81.7
低控制低指导	70.5	76.3	63.7	72.4
强控制低指导	68.9	74.8	59.5	69.2

由此我们可以得出结论，"指导性管理"对于学生全面发展有显著的积极影响，而"控制性管理"虽然对提高学生学业成绩有一定作用，但可能因为其对教师的工作体验有明显的消极作用而影响学生除学业以外的其他方面的发展。

2019年的教育质量监测数据很好地佐证了我们提出的学校教学管理转型的建议，揭示了"控制性管理"的消极影响。没有指导的管理，是不完善的管理，也可能是不负责任的管理。强调学校教学管理的指导功能，推动学校教学管理从"控制性管理"走向"指导性管理"，具有重要的现实意义。

二、对学校教学工作的反思与重构

推动学校教学管理转型需要系统筹划。其目的是推动学校教学工作的良性运作，保障教学秩序，提高教学质量，提高师资素质。校本研修主要侧重于提高师资素质，但也与教学常规管理密不可分。要在教学常规管理的具体实践中做到

---

① 我们根据教师问卷调查的数据，形成反映教师工作状态的四方面指标。这些指标的指数以百分制形式呈现，指数越高，表示该指标的情况相对越好。

"指导性管理"，学校需对教学工作体系及管理规范进行梳理与重构，探索将教师研修与落实教学常规密切联系的工作机制，开展旨在理解和落实教学常规的校本研修。

（一）对学校教学工作的反思

我们要站在学校教学工作的整体层面来思考校本研修的意义。当前，学校教学工作中存在着一些机制性问题。

1. 教学工作整体上存在"重事务，轻业务"的倾向

学校的日常教学工作自然包含事务性工作与业务性工作。事务性工作相对刚性，琐碎繁重，临时任务较多。业务性工作则需要着眼长远的意识，需要实事求是、理性辩证、细致深入的工作态度，虽然一般性应付这些工作并不困难，但要讲究质量并不容易。

随着学校规模的发展，学校管理层级与分工的细化，教学管理的组织职能逐渐被强化。需要"兵来将挡"的刚性的事务性工作大大增加，这削弱了管理者在教学研究、教学过程管理等未必立竿见影的业务性工作上的投入，因此教学工作出现了"重事务，轻业务"的倾向。

2. 学校教学管理"控制有余，指导不够"

学校业务工作的主线是对教师的指导帮助。然而目前许多学校的教学管理主要在行使组织、布置、指挥、落实等职能，缺少对教育教学过程的指导。因此，这些学校在管理上重视规章制度的执行，忽视实际问题的研究改进。教学管理中自上而下的信息传达多，而自下而上的情况反映机制、工作建议采集机制和教师经验分享交流机制尚未有效建立起来。这种"控制有余，指导不够"的管理危害不小。

3. 课堂教学研究存在经验主义，研究学生不够

对于课堂教学研究，基层学校总体上是重视的，主要以公开课的形式，通过同行听课、评课，组织课堂教学研讨。但在长期实践中，很多学校缺少对课堂观察技术与研究方法的思考，比如：听课、评课常常停留在经验主义的议论；多数磨课着力于课堂亮点的预设，而忽略对课堂改进的学理思考；教师关注自己的课

堂行为与讲授艺术较多，研究学生学习行为较少，没有跳出"重教轻学"的惯性思维；等等。

4.校内教研活动流于形式，教师被动参与，实效欠佳

中小学校内教研活动一般就是例行的听课与评课。由于学校对教研活动组织开展的规律与方法思考不够，活动的计划性、针对性、参与性不强，低层次重复的活动较多，引发教师深入思考与深度参与的活动较少。在活动中，少数教师忙策划，多数教师做观众，活动的展示意义大于研究意义。教师间的质疑和讨论较少，教师公开自我、倾听与回应、问题化与问题解决的习惯和能力相对缺乏。因此，教研活动的组织策划有待改进，活动实效有待提高。

5.教师研究存在范式不当的现象，功利倾向较为严重

研究是教师学习提高的重要途径，但由于研究动机和研究评价等方面的问题，教师研究存在范式不当的现象。比如：对教师研究的定位把握不当，推崇贪大求全、生硬创新的研究，使一些教师对研究"敬而远之"；脱离教育教学改进，热衷于概念创新与体系构建，炮制无益于实践的"学术泡沫"；成果评价拘于格式，局限于文本翻阅，导致平庸模仿、追求形式包装之风渐长；研究动机悄然变化，"成果驱动"替代"成长驱动"渐成主流，急功近利的研究渐多，潜心修学的研究渐少；等等。

6.教师评价"竞争有余，合作不够"

校本研修的开展需要教师群体的合作文化。然而，目前校内教师评价标准单一，过度强调横向比较，导致教师们难以相互分享，这也使得学校教研活动相对涣散，效果不甚理想。校内同伴互助困难的局面，加剧了教师对外来教学指导的依赖，而以学校教研组为基础的内部学习和研究难以形成有力的进步力量。要改变现状，彰显"以校为本"的精神，管理者必须重视制度建设，改革教师评价。

（二）学校教学工作的分类

基于以上的问题分析，学校教学工作应做出组织机制的调整。教育部基础教育司原副司长朱慕菊在2007年提出了"改变学校的组织运行方式"的目标。重构教学工作组织、理顺工作机制的关键是将事务性工作与业务性工作合理剥离，根

据不同的工作特点采取不同的工作策略。

学校教学工作可分为事务性工作、过程性工作、建设性工作、发展性工作四类（后三类由业务性工作进一步细分而来），它们分别对应的工作职能是组织职能、调控职能、研究职能和培养职能（见表1-4）。

表1-4 学校教学工作分类

工作性质	工作内容	工作职能
事务性工作	学籍学分管理、教学后勤服务、教师调度、考务安排等	组织职能
过程性工作	教学计划执行、教学常规管理、教研组管理、学生学习指导、教学分析与指导等	调控职能
建设性工作	教学课题改革、课程资源建设等	研究职能
发展性工作	教师业务管理、校本师资培训等	培养职能

1.事务性工作

对于学校来说，事务性工作必不可少，包括学生学籍管理、教学组织与调度、教学服务、学生日常管理等常规工作。事务性工作须准确、高效、细致、及时地落实，支持具体教学活动的顺利实施。

2.过程性工作

过程性工作是指伴随着教育教学过程的研究与实践改进。它是保证工作实效的具体工作，如课程教学计划的执行、教学常规管理（包括备课、课堂、作业、实验、学习实践等）、德育与心理健康教育、学生学习指导、学习评价的分析和教学指挥等工作，以及教研组管理等。学校要以务实的研究态度，把握科学规律，琢磨改进具体教育教学活动。

3.建设性工作

过程性工作主要围绕现实的教育教学过程，而建设性工作则是为将来的教育教学做基础积累。学校是在学校文化、课程资源、教育教学经验的逐渐积累中发展的。建设性工作的主要载体包括教改课题的策划与实施、校本课程与教学资源建设、校园文化建设等。

4. 发展性工作

发展性工作是指关于教师发展的工作，如教师的业务管理（包括教师成长规划、教师档案、教师评价等）和专业进修（包括外出送培与校内培训，既有学习培训活动，又有研究交流活动）等。

（三）学校教学工作改进的基本策略

1. 减少事务牵制，突出业务性工作的专业性

学校应将事务性工作与业务性工作相对分开，可设置以事务性工作为主的教务处与以业务性工作为主的教学处。学校要重视组建一股研究与指导的力量，加强教育教学过程管理，使教育教学的具体开展过程同时也成为教师学习、探索和接受业务指导的过程。教学处的人员配备与能力结构非常重要。他们要承担学校教学过程的视导、教学评价与指挥、教师培养培训的策划与实施、课程教学资源的开发建设等工作。教务处则须由擅长组织的人才来负责。

2. 从教师培养出发，整体筹划教师的学习、研究和业务管理

事实上，学校教学过程管理、教师研究、教师继续教育、教师评价与业务管理都是为教师研修"添砖加瓦"的，我们都可以从中挖掘提升师资素质的功能。所以，这些工作的策划与实施应统一思想，归口于专门负责教师研修的职能部门。管理者要通过有序的教师业务管理制度，进一步突出教师职业的业务性，形成促进教师专业发展的支持系统，从而将学校建设成学习型组织。

3. 将教师研究的视野从孤立的课题转向教育教学改革实践

很多学校的教育科研工作只是课题的管理。长期局限于此，便会使教育科研脱离实际，趋向形式化。其实，教育教学的具体实践迫切需要研究方法论的介入，如综合实践活动的开展、学校课程的建设以及教育教学活动的改革等都需要有"从问题到建议"的研究思维。所以，"拆除藩篱"，让研究更务实，鼓励教师树立"研究性工作风格"[①]，推动教育教学改革的课题化，是现实的需要。

当然，我们并不提倡学校教学工作组织模式的单一化。只要学校能够正确处

---

① 　张丰. 从问题到建议：中小学教育研究行动指南 [M]. 北京：教育科学出版社，2013：10-11.

理事务性工作与业务性工作的关系，有利于教育教学的改进和教师研修，机构设置模式是完全可以多样化的。

三、重建学校教学管理规范

在 2007 年召开的浙江省第三届校本教研工作研讨会上，时任丽水市莲都区教育局教研室主任的纪金声老师在发言中谈道："当前学校教育教学中的问题，未必都能通过学科教学改进来解决，许多问题的根子在学校教学管理，一些我们已经习以为常的做法可能本来就是错的。"他的反思引发了与会同志的共鸣，因为这样的例子还真的不少。

譬如很多学校定期组织的月考，许多管理者以为这是抓教学质量的理所应当的措施。这里我打一个比方，我们在家里烧饭，将米和水放入锅中后，开火才烧了一分钟，就想了解饭烧得怎么样了，遂掀开锅盖看一看，然后盖回去。又过了一分钟，又想知道烧饭的进展如何，又将锅盖掀开看一看，再盖回去。烧饭十分钟，锅盖掀九次，这就好比今天的月考。何谓"月考"，就是"烧饭频掀盖，最后夹生饭"，是不惜干预和影响学生学习的过程，也要满足管理者质量监控欲望的做法。诸如此类的管理问题需要我们认真反思与梳理，于是我们想到要研制给学校教学管理者的工作指南。

（一）研制学校教学管理指南

在推进校本教研工作的初期，我们聚焦课堂，研究和推广课堂观察技术，推动课例研究的普及。但我们发现，学生学习活动不只发生在课堂上，决定学生学业进步的因素应该还包括预习、作业、指导、评价等环节的规范性与质量。这就要求我们把研究视野从课堂放大到教育教学全过程，将对学校教学常规管理的研究与落实作为校本教研的重要领域，将学校教学管理研究也建设成一个专门的研究方向。

2007 年底，浙江省教育厅教研室启动研制义务教育学校教学管理规范性文件的工作，与"区域推进校本教研协作研究项目"相配合，着力解决学校教学常规管理落实不够的问题。《浙江省义务教育教学管理指南（试行）》于 2008 年印发，共三章 36 条。它从课程管理、教学常规管理和教师专业发展管理等三方面明确了学校教学管理的任务、纲目和原则要求。

从表面上看，课程管理、教学常规管理和教师专业发展管理三者是相互并列的。其实，这三方面既有分工，也有交叉和综合。课程管理中的"课程计划的执行实施"正是教学常规管理的总体原则与精神，它侧重从课程及其性质的角度指导教师的教与学生的学，而教学常规管理侧重从过程环节来指导课程实施。如果说课程管理、教学常规管理分别是关于学生学习活动"学什么"与"怎么学"的规定，那么教师专业发展管理就是关于教师研修活动"研修什么"与"怎么研修"的建议。教师专业发展的研修重点，既要包括指向课程的学科专业素养，又要包括指向教学常规的执教能力。

2021 年，浙江省教育厅教研室印发修订后的《浙江省义务教育学校教学管理指南》。原先的三大部分变成课程实施管理、教学过程管理、教学评价管理、教师发展管理四部分。在修订过程中，我们结合了 2018 年全国教育大会深化课程改革与"双减"的新精神，并将近些年来浙江"学为中心"教学改革、中小学教育质量综合评价改革的一些经验成果转化为常态教学的要求，以构建"学为中心"的教学新常规。

（二）开展旨在理解和落实教学常规的校本研修

研制教学管理指南的意义不只是为了建设制度，更重要的是要改进实践，将规章文本转化为教师的常态行为与学校的自觉实践。要落实教学常规，我们面临着两个问题：一是教师们能否认同这些要求，理解这些要求背后的意图；二是教师们理解后能否做到这些要求，是否具备实现与执行它们的能力。这就要求我们通过积极有效的教师研修活动，帮助教师理解和落实教学常规。因此，我们将教学管理指南视作校本研修的纲领，希望学校将教学管理与校本研修工作紧密结合，创造性地开展校本研修。校本研修是将教学管理规章转化为教师常态行为的重要介质。

例如，《浙江省义务教育教学管理指南（试行）》第十五条指出：备课检查应重点关注教师的单元整体备课能力、学科课程标准的研究能力、学习活动的设计能力、对学生学习基础和需要的分析能力、课堂练习和反馈的设计能力，以及对教学设计的反思能力。这是从备课管理的角度明确教师备课应关注的几个关键问题。有些学校可能难以一下子提出六方面的要求，但可以让教研组结合集体备课，设计相应的研修活动，逐条研究。学校可以先组织教师结合学科实际，通过真实的备课操练来分析"什么是单元整体备课""为什么要重视单元整体备课""如何进行单元整体备课""单元整体备课还有哪些要点""单元整体备课对课堂教学有哪些帮助""单元整体备课有哪些局限性需要规避"。这种研修其实是学校最重要的研修活动，也是落实教学管理指南的重要方式。

当教学管理指南转化为广大教师的研修纲领，并成为校长改进教学管理、教师改进教学过程的指导时，校本研修的内涵就有了新的发展。正是这一有着根本意义的发展，使校本研修从"锦上添花"变为"雪中送炭"。只有与科学实施课程、落实教学常规、提高学科素养与执教能力的学校教育主任务相接轨，校本研修才有意义，才能真正落地并发挥其在深化课程教学改革中的基础性作用。

当校本研修与学校教学管理之间建立起机制性的联系时，理解和落实教学常规的行动与教师研修发展便能较好地结合。这种工作机制得到了基层教研室的积极响应，成为区域教研工作的一种策略。

四、彰显"指导性"的学校教学常规管理

我们将教学管理指南的落实，作为深化课程改革的专题行动和推动教研工作转型的抓手，促进基层教研系统重视学校教学管理的研究与指导，推动学校开展教学管理改进行动，并结合校本研修，以教学常规管理为重点，践行"指导性管理"。

教学常规管理通常包括备课管理、课堂教学管理、作业管理、评价管理、学习指导管理这五个方面，也就是通常所说的"教学五认真"。如何在这些工作中彰显"指导性管理"的思想，需要我们以研究的方式来探索。

（一）备课管理改革与集体备课

教师上课必须事先备课，这是天经地义的事。但是，在有些学校中，教师备课与写教案却成了两码事。这背后的原因有不少，备课管理的简单化是其中一个重要原因。备课检查缺乏讲求实效的精神，没有尊重教学准备的特点，没有尊重教师个体的差异，从而使备课管理渐入尴尬局面。这需要我们从制度层面去研究和解决。

其实，备课管理的关键未必是检查，而是指导。因为很多教师对教学内容和教学方法的把握还存在困难与问题。特别是第八次课程改革以来，如何落实新修订的课程标准所要求的在教学设计上体现素养导向与学生立场，对教师而言是一个巨大的挑战。学校备课管理应以帮助教师学会备课为目的。

组织教师进行集体备课是指导帮助教师学会备课的常见形式，也是课堂教学研究的前置步骤。这是目前常见的教师研修形式，也是教师研修的基础任务。但是，现实中旨在形成共同教案的集体备课，却可能是教师专业成长的制约。本书第二讲"指导教师学会备课的备课管理"将与大家分享改进备课管理的建议。

（二）课堂教学视导与课堂教学改革

课堂教学是实施素质教育的主渠道。由于教师教学活动的复杂性，课堂教学管理很难像备课管理、作业管理一样纳入教学常规管理。但是，学校可以建立课堂教学视导调研制度，专门组织教学业务骨干组成教学视导组。一方面，以"推门课"制度要求教师开放课堂，迎接检查与研讨；另一方面，要求视导组成员多进课堂，自由择课，以导为主，兼顾检查。教学视导调研对于教师教学能力和常态课堂教学质量的提高是有帮助的，也是管理者与教师共同研修的过程。

当前中小学课堂教学中最突出的问题是"重教轻学"，导致学生被动学习的情况严重。教师最欠缺的是从学生的立场思考和策划教学活动。这也是近十年"学为中心"教学改革响应甚众的原因。我们要引导教师树立"学习设计"的意识，从课堂授递转向"组织学习"。在教学设计时，教师须重视对学生学习基础和学习需要的分析，以及学习任务的设计与学习活动的策划，学习活动设计应先于教学过程设计。

推进课堂教学改革，必须同时加强校本研修，在提高教师专业素养、执教能力的同时研究学生的学习规律，唤醒教师的"学生意识"。缺乏学生立场的教师，是难以做到以课程育人的。本书第五讲"研究学生：校本研修的新聚焦"将分享我们关于如何深化校本研修、帮助教师确立学生立场、研究学习规律与学习设计、提高教师学习指导能力的思考与探索。

（三）改进作业管理与作业改革

在传统的认识中，作业就是课后巩固练习。当前作业环节的总体效率之所以不高，是因为教师对作业研究不深、视野较窄，学校作业管理相对简单。教学常规管理必须以提升教师的作业设计与实施能力、改进作业过程为重点。一方面，要重视作业管理，对教师作业设计、布置、批改和讲评等行为有明确的指导和要求；另一方面，要推进作业改革，鼓励教师研究作业的功能，探索作业设计的改进与创新。

改进作业管理，需要学校研究把握好以下四对关系。一是质与量。大家对作业的量关注较多，但对作业的质关注不够，甚至对"怎样的作业才是好作业"的认识也似是而非。仅仅关注作业量的管理只是形式主义。二是"拿来主义"的作业与教师自主设计的作业。设计作业时教师要考虑是选用现成作业好，还是自主设计好。三是作业的布置与反馈。目前学校就作业设计与布置有许多具体的要求，但对如何及时地分析反馈以有效地指导学生并促进教师调整教学，还不够重视。这可能是影响作业有效性的"致命"原因。四是教师与管理者的立场。在对待作业量问题上，教师的本位意识较强，常以"押宝"的心态和"下围棋"的手法布置作业，寄望于大海捞针，并和其他学科抢占时间，忽略了作业的真正效益。而管理者往往是犹豫和摇摆的，考虑到执行上级规定，便要求作业减量；依从"熟能生巧"的想法，便默许过量作业。于是，学科间的作业统筹可能就断断续续地进行着，无法真正得到落实。

不少学校以为实施校本作业就是作业改革。其实，作业改革的关键在于学习活动是否有优化。从现实看，一个重要的突破口就是对作业功能的研究，是作业与课堂学习的沟通。校本作业的价值并不在于其成果与作品的质量有多高，而在于教师参与研制过程而展开思考的研修意义。本书第三讲"旨在优化作业过程的校本研修"将与大家分享关于如何通过校本研修推进作业改革、提升教师作业设计与实施能力的思考与实践。

（四）学生评价改革和考试命题研究

学校评价改革涉及学生评价与教师评价等多个层面，其中的基础是学生评价。让教师采用科学的评价方法，正确地应用评价结果，发挥评价的诊断、激励与改进功能，是学生评价改革的主线。

学校的评价与考试管理要始终将转变观念与能力提升放在中心位置，在方向上坚持原则，在策略上循序渐进，重点着力于以下两个层面的工作：

一是加强考试管理。从学校管理层到教师，都要切实理解教育部办公厅《关于加强义务教育学校考试管理的通知》的精神，落实减少考试次数、提高命题质量、改进结果运用的要求。尤其后两方面是校本研修的重点领域。如何指导教师分析与理解考试的导向与命题的意图？如何命制素养立意的试题？如何落实"教学评一致性"？如何让教师在自主命题实践中提高命题能力？如何开展基于实践任务的表现性测评？如何基于测评结果开展学生诊断分析？这些都是校本研修的选题。这些教师研修的有效开展，都有赖于学校调整学生考评制度与教师评价制度，以安全、信任的环境背景支持教师钻研提高。

二是探索学习过程评价。学生评价与教师评价都要通过"改进结果评价"来松绑，以释放出"强化过程评价"的空间。评价是教师促进学生学习的重要方法。我们要组织教师研究总结融于教学过程的评价智慧，学习并探索表现性评价、实践性评价、协商式评价等，注重对学习过程的观察、记录与分析，通过"学习过程评价"领域的拓展，进一步探索以"发展性"为核心理念的学习评价改革。

本书第四讲"促进教师理解与运用评价的校本研修"将与大家分享关于如何通过校本研修提高教师命题能力、研究与实施过程性评价的思考与实践。

第二讲

指导教师学会
备课的备课管理

　　学校要改进备课管理，落实备课指导，将备课检查与随堂教学调研相结合，以指导的方式反馈检查结果；引导教师重视学生学习活动的设计，从学生立场出发，做好课前预学环节、课中学习活动与课后学习任务的整体设计。集体备课必须强调以教师独立备课为前提，以帮助教师学会备课为目标，使备课成为教师个性化的日常教学研究活动。

在前一讲中，我们就如何在学校教学常规管理中践行"指导性管理"做了讨论。备课是教师进行有效教学的基础，也是教学常规管理的重要对象。按照"指导性管理"的原则，备课管理的目的应从要求教师形成具体教案，转变为指导教师学会备课。

在备课这个专题中，我们主要讨论以下三个问题：

第一个问题：当前学校备课管理存在哪些问题？

第二个问题：如何改进学校的备课管理？

第三个问题：如何从发展的视角理解并开展集体备课？

一、学校备课管理中的问题

对于教学来说，备课环节的重要性是不言而喻的。但是，在备课管理中我们却发现，有些教师写教案并不是为了教学，而是为了应付检查。这究竟是哪个环节出了问题？在归纳整理教师们的意见后，我们发现问题集中在以下三方面。

（一）备课要求过于划一，重形式，轻思考

备课是一项教学常规。起初我们进行备课检查，是为了落实教学准备环节。然而，不少学校要求人人备详案、轮轮备新案，并有统一的教案格式要求。检查的目的本来是预防教师不备课或备课不认真，但却让部分教师产生误解：不是教学需要备课，而是检查需要教案。备课的本质是思考，是为课堂教学做准备，而检查的切入点却停留在物化的教案本上。其实，为满足教案检查而"备课"远比为落实课堂教学而备课容易得多。教参上、网络上现成的教案很多，抄袭、下载反成为经验之谈。如果学校对教师的备课要求一刀切，对不同层次、不同发展阶段、不同学科的教师要求都基本一样，写教案的过程确实就有些形式主义了。

（二）教案检查流于表面，重数量，轻内容

一些学校的教案检查难以对真正的备课质量进行分析，只好把教案全不全、详细不详细、格式是否符合要求作为检查的指标。有些学校甚至为了"量"化考

核的方便，以"数教案"为检查方式。这种忽视备课实质的行政化检查，歪曲了备课管理工作的原意，也导致抄袭、下载教案泛滥成风。有些学校为避免教师从网上下载教案的现象，规定教案必须手写，必须一年一本新教案。这真是"掐错三寸"，害苦教师。一些教师的教案其实是上课后、检查前临时抄补的，字迹一气呵成。然而，检查者对此心照不宣，默许应付和造假。于是这种无效劳动，既浪费了教师们大量的时间及精力，又降低了学校的管理威信。

（三）备课活动疏于指导，备课能力和效率止步不前

学校教学常规管理的职责应该是督促与指导教师。但是，很多学校的备课管理只检查不指导。有些教师内心是认真的，他们模仿教案，依赖教参，是因为水平有限。他们亟需指导和帮助，但依照惯性的备课管理却没有解决这个问题，教师们的备课能力与效率并没有因为加强备课管理而有所提高。

备课管理中的问题是容易被察觉的，但管理者却往往墨守成规。不过，也有一些积极活跃的学校管理者努力寻求备课管理的改进，以改变"写教案"与"上好课"貌合神离的怪象。

二、备课管理的改进

改进备课管理，要抓住问题的症结。如果"写教案"是"上好课"的必要条件，前述的情况就不会出现。所以，"什么样的教案是对教学有用的教案"成为一个关键问题。备课管理应该如何"掐准三寸"呢？

（一）备课检查应与随堂教学调研相结合

备课的目的在于对学生学习活动的设计与对教师教学过程的预设，这既是对课堂教学活动的准备，也是对教学资源的积累。要引导教师通过有效的准备，保证课堂学习活动的质量，管理者应在常态教学检查中追加教案检查，将课堂教学与教学设计关联起来，而不是孤立地翻看教案。

对于平时教学过程质量比较好的教师，教案检查完全可以放开，如果要讨论，

则是讨论他们教学准备的经验和方法。对于教学态度认真而教学过程不甚满意的教师，教案检查要分析讨论如何有效备课，提高教师备课质量。对于教学态度不甚认真、教学准备不甚落实的教师，管理者则可采用突击式的检查，或在课堂教学检查中追加教案检查。

案例 2-1

关注教学设计与课堂教学的一致性

某校实施统一要求的教案检查制度一年多来，教师们意见纷纷。校长认真调查后，对教案检查做了改进：教案检查的关注点不在本子而在课堂，在于"教学设计与课堂教学的一致性"。

校长首先和某学科教研组一起进行了一次临时安排的课例研究。在听完课后，大家坐下来就课堂教学进行讨论。校长先请授课教师将教案复印出来发给大家，让大家结合教案来分析这堂课对教学设计的实现程度、教学设计的合理与不足之处，分析哪些问题是教学准备环节"埋"下的，哪些问题是课堂现场中处理欠妥的结果。通过这样的研讨，教师们认识到了教学准备对课堂教学的作用方式。

然后，校长订立规定：期末集中教案检查变为"推门课"临时检查；检查者要看课堂与教案的思想是否基本吻合（真教案还是假教案），并从课堂教学效果看备课的质量与作用，再利用课例讨论对备课提出分析改进建议。

（二）备课要求应因人而异，尊重学科特点

其实，只要备课能促进有效教学，备课的形式可不必讲究。而且，教师们的备课风格各不相同，大家需要在备课中解决的问题也各不一样，不同专业发展阶段的教师所关注的教学能力各有侧重，统一要求显然有些"因形害义"。因此，备课管理要区分对象，分别要求。这对管理者的业务能力提出了较高的要求。

案例 2-2

对教师备课的分层要求

某校针对教师对统一备课要求的不同意见，提出了教师备课的分层要求。具

体要求为：第一轮教学的教师要备详案；完成过一轮教学的教师可以备简案，但是至少 30% 的课要有新案来替换老案，其他老案应有反思、调整的说明；经验十分丰富的教师则可以用若干记载其数轮教学后对教学设计的迭代研究的典型案例来代替教案。也就是说，新教师的备课应关注规范性和有效性，有经验的教师的备课应突出研究性和创新性。

确实，不同学段、不同学科的教师撰写教案的侧重点并不相同。小学教师写教案会更侧重教法的设计，相对完整地体现教学过程；中学教师的教案会更侧重学科知识的深化，对于教学过程的组织特别是教学方法的设计相对忽视。文科与理科的教学设计也不尽相同。所以，备课检查既要尊重学段特点与学科特点，也要适当进行补偿性的指导。

案例 2-3

体现学科特点的备课检查

对于所有学科都采用相同的教案模板，某校副校长认为并不合理。作为初中数学教师，他与数学教研组长一起商定数学组教案检查的要求：教龄六年以内的教师必须写详案，其他教师可以写简案。教案检查重点看四类题目的设计：一是课堂例题；二是随堂练习（或学习任务）；三是面向全体学生的巩固性练习；四是面向学有余力学生的提高性练习。这四类题目的选择与取舍，已能够体现出教师对该课时的整体把握与基本学习设计。

（三）重视撰写教案过程中的隐性工作，鼓励基于备课的钻研积累

备课管理不能狭隘地将目标定在督促教师写教案上，而要更多地帮助教师学会备课。指导教师备课，要先将备课活动的全过程"拆解开来"。备课环节一般包括：①熟悉课程标准；②深入钻研教材；③充分了解学生；④科学编制教学目标，制订教学计划；⑤合理选择教学方法；⑥精心设计相关作业；⑦认真编写教学方案。其中①—⑤都是隐性工作，是看不见的积累；而⑥⑦是可见的具体工作。以往的备课检查过于重视能呈现在文本上的显性工作，而对反映备课实质的思考有

些忽视。管理者若能注意备课的实质，管理的手法也会相应地有所变化。

不少教师喜欢从网络上下载现成的教案集，简单加工后就用于课堂。这一直接跳过备课的前六个环节的速成教案做法，正是"有教案无备课"的典型案例之一。那些优秀教案看上去很好，但往往有些理想化。普通教师直接将其移用会有一些困难，需要深入消化加工后才可使用那些教案。所以，教师备课要克服对教学参考资料的过度依赖，面对现成教案的做法不应是"拿来主义"，而应是一种"积累"。我们要逐步指导教师备课向钻研积累的方向发展。

（四）引导教师重视学生学习活动的设计

很多教师备课时把重点放在自己课堂语言的准备上。但是，教师的语言只是学习发生或促进学习的一个辅助条件，影响学习的更重要的条件是课堂上学生所经历的学习活动。备课应从学生学习的立场出发，做好课前预学环节、课中学习活动与课后学习任务的整体设计，围绕学生学习活动的有效开展进行教学组织与指导的策划。"学习活动设计先于教学过程设计"是教师备课的重要原则。

因此，在备课管理中，管理者要关注教师在备课中是否重视对学生学习基础和学习需要的分析，有无清晰的学习任务设计与学习活动规划，是否注重单元整体设计、克服碎片化学习倾向。教师们对这些要求与导向的理解，需要在具体的备课过程中渐渐形成。学校应通过集体备课或专题的校本研修活动，帮助教师理解与践行"学为中心"的教学理念。能否站在学生立场，常常是优秀教师与普通教师的区别所在。

我们建议，备课检查还要关注教案中的"话外音"。管理者要鼓励教师在备课中，将学情分析保留下来，将学习活动设计的意图保留下来，将教师对教学组织与指导的思考保留下来，而不只是保留对课堂过程的步骤和师生话语的预设。这些思考才是真正的教学准备，是备课的精华。

（五）要促进意在改进教学设计的反思活动

除了要关注教师课前关于教学策略的思考外，我们还要关注教师课后对教学准备的反思，这是新一轮教学设计进步的基础。学校要将促进教师针对教学设计与行为进行反思，也作为备课管理的一项目标。一方面，要在备课检查中增加对教学反思的导向；另一方面，要加强关于课后反思方法的指导。

指导教师针对教学设计开展课后反思时，我们要注意以下几方面：

一是对教学目标的反思。教师要反思目标是否体现课程标准的总体要求和意图；反思目标是否切合学生的实际，符合学生的心理特点和认知规律；反思目标是否指向学科核心素养。

二是对教学过程的反思。教师要反思对教材的处理和时间分配是否恰当；反思教学方法对于教学内容和学生特点的适切性；反思对教师角色的把握和点拨艺术的运用。

三是对教学效果的反思。教师要反思课堂教学设计是否体现预设和生成的统一；反思课堂教学设计是否体现素养导向；反思教学过程是否重视知识生成的过程和学生的个体体验；反思课堂教学目标的达成情况和学生的发展变化。

（六）充分运用管理艺术，改善备课管理双方的关系

以往的备课管理常常只是进行教案检查，履行督促与控制职能，但这样的检查并不是教师所需要的。所以，管理者与教师之间无形中形成了对立关系。我们必须要改善这种关系，变"面对面"为"肩并肩"，才能使备课管理发挥积极作用。

首先要完善备课检查的反馈制度，备课检查的结果要以指导的方式及时向教师反馈。业务校长与教学干部应定期在教师会议上通报备课检查与课堂调研的结果，要采用业务分析的方法，总结工作的基本面貌，表扬好的案例，分析存在问题的案例，以体现备课管理的指导性。还要注意管理中的艺术，把教师们的备课成果当作他们的作品，以欣赏、激励和积极指导的态度对待这些成果。

案例 2-4

备课管理的两则创意

（一）教案评语

某校过去的教案检查只是管理性的检查，对于教师的工作帮助不大。因而，不少教师以"事不关己"的态度对待备课检查。这学期学校改变了做法，在每月

的教案检查中，组织人员仔细阅览每位教师的备课本，并认真写上反馈意见。对于备课好的教师，给予充分肯定；对精彩的做法和到位的分析，用红笔圈出；对有创意的设计，予以大力宣传推广；对有进步的教师，及时予以表扬；对备课不太好的教师，以委婉的方式中肯点明。这样的做法很快有了成效，教师们对备课的重视和钻研程度大大加强。原先常有的应付思想少了，而精心思考设计的备课多了。

（二）教案展示

过去的教案检查让教师的心里总有一种"被查""被管"的感觉；现在学校把教案检查评价改成教案展示，管理者不再居高临下地发表评论，而是与教师们平等交流，和教师们一起发现和欣赏教案的优点。在这样的教学管理环境中，大家彼此信任和尊重，能够进行良好的沟通与指导。教师们在展示自己教学特色的同时也吸取伙伴的经验。其实，展示也是一种评价。教案优秀不优秀自己看，这会给一些不求上进的教师带来冲击。

三、集体备课的开展与发展

集体备课是在传统备课做法基础上的继承与发展。21 世纪初人们之所以提出集体备课，主要是想通过同伴互助，满足教材更新、教学适应的现实之需。经过教师们的创造性实践，集体备课渐渐成为学校教研活动的重要形式。它在促进教师研究教材与教学设计方面，确实发挥着重要作用。不过，从集体备课的产生到推广，有一个与时俱进的发展线索，具体可分为以下四个发展阶段。

（一）以共享教案为目的开展集体备课

早期的集体备课，主要是为了减轻教师备课的工作量而建立的教师互助研讨机制。在新课程、新教材使用初期，由于教学理念的更新、教学内容的调整，教师独立备课的工作量太大，备课质量也有些参差不齐。为了统一教学进度、共享教学资源与教学设计、提高日常教学的基本质量，一些学校同年级、同学科的教师联合起来，组成备课组开展集体备课。大家分头负责某一部分教学内容的钻研，提前编好教案，再在备课组会议上讲解，通过合作研讨形成较为详细的共同教案。在新课程实施初期，集体备课是一项积极的措施。这样的合作节省了教师的不少时间和精力。

但是，随着时间的推移，出于"减负"目的的教案合作编写渐渐显现出弊端。有的备课组将各章节分给任课教师，由大家分头撰写教案，然后合订起来复印给大家，以参差不齐的个人教案之"和"权作集体备课的成果；有的备课组充分利用现代信息技术的优势，由各任课教师分头"在线查找"，将网络上的相关教案下载合订起来；有的备课组虽然也组织研讨活动，但大家都"十分尊重"主备教师，很少发表自己的意见，主备教师基本包办了代表集体的教案。集体备课形成"通案"后，大家便以此为纲进行教学，但在面对不同基础的学生时，教学"通案"未必都能通用。

这种以共享教案为目的的集体备课，悄悄助长了部分教师的"拿来主义"。在教材分析与教学设计上的责任分散与有组织的"偷懒"，使许多教师的教学准备质量有所下降。不同教师往往有不同的风格，大家面对的又是不同的学情，过于详细的共同教案反过来束缚了教师的教学发挥。所以，有些学校对集体备课活动进行了一些改进，开始推行单元整体备课，不再要求主备教师拿出完整的详案，而是将集体备课的成果变成精要呈现教学思路与必要教学资源的简案，要求任课教师在进课堂前还要根据实际情况对教案进行个别加减，以体现教师个体的教学理解与教学特点。这一从"详案"到"简案"的变化是务实的。不过，因为教师们对于集体备课的动机不同，所以这种备课方式的实施情况与反响也各不一样。目前这种做法已经成为一些区县的集体备课模式。

（二）以学会备课为目的建立备课规范

在新课程、新教材使用到第二轮、第三轮后，如果我们还只是以共享教案为集体备课的主要目的，那肯定是不够的，甚至是消极的。这种做法会让部分教师以为共享教案是常态，无须课课独立思考，这会使他们的课堂逐渐变得"夹生"。集体备课的目标应是帮助教师学会备课，形成良好的备课习惯并逐步建立备课的规范。

当前，不少教师在集体备课中，关注的只是具体的教案文本，思考的线索也往往是具体的课程内容以及相应的教学方案，局限于自己将在课堂上"如何教"的设计。这是教师职初阶段的特点。但如果教师长期停滞于此，他们的专业发展就会受到制约。所以，学校要引导教师在备课时，不仅要思考"如何教"，更要思考学生将"如何学"、学习的发生有哪些必要条件与影响因素，还要思考"为什么这样教""怎样更好地教"等问题，并将这种包含充分思考的备课过程转化为备课实践。

学校集体备课的要点在于资源共创、个体加减、及时反思。其基本程序为：（1）分头钻研。每位教师分工承担某一单元或课时的主备任务，深入钻研课标和教材，形成学习活动设计与教师指导的基本方案（包括部分环节的可能变式）和教学设计的思路说明，以及相关教学资源。（2）集思广益。备课组先集体学习教材，分析教学重难点，再由主备教师阐说自己的教学设计思路，其他成员就此研讨发表意见，然后主备教师综合大家的意见，整理形成集体教案（供参考）发给大家。（3）个体加减。每位教师根据自己的教学形式和特色，在集体教案的基础上做个别的增补或删减，形成实际使用的教案。（4）教学反思。教师针对课堂上发生的现象，课后及时反思，并对教案进行必要的修改和评析，在下一次集体备课讨论中分享。

随着实践的推进，集体备课渐入佳境。为避免一位教师的设想在讨论之始便束缚了大家，有些学校安排两位或两位以上教师分头钻研相同的教学内容，分别进行教学设计。备课组讨论时，大家从几种不同的教学设计的比较切入，在对最佳方案的选择中深入地研究。为避免大家面对集体教案不做独立思考便依照执行，有些学校在备课讨论结束时只做小结，但不形成书面文本，让教师在讨论的基础上做个别加减，有个性地运用"通用教案"。集体备课的重点在于观点的碰撞，行为跟进主要靠教师的自我消化和发挥。

在集体备课时，教师要处理好"预设"与"生成"的关系。事先准备的主备教案不必太完整，它应该是一个教学设计的框架，对于难点突破应有充分讨论，但不必将教学语言等细节都预备齐全。教师的研讨发言不应是完全事先准备的。大家在研讨过程中的重点在于倾听与思考，而非排队等待发言。我们要重视活动过程中的生成。那些即时生成的思想与建议，恰是集体备课至关重要的期待。"预设"固然重要，但"预设"应该为"生成"服务。

集体备课的真正目的并不是坚持集体备课，而是要让教师学会备课。所以，集体备课不能再"课课备"，而要"典型课例集体备，普通课例课后议"。学校可以选择若干典型课例（包括教师们把握起来普遍有困难的、大家容易有争议的课例等），组织备课组按程序集体讨论，以帮助大家提高教学把握能力。对于其他一般性的课例，要先让教师自己独立准备，再组织课后交流，在分析反思中促进大家提高备课质量。

（三）旨在解决教学问题的集体研课

集体备课的扎实开展，对于沉寂多时的学校教研活动来说，是一次重新活跃的机会。它使教师们的业务水平大大提高，大家在教学讨论时的分析也深刻了许多。于是，一些学校强化集体备课，要求每个单元或课时都组织集体备课，并将讨论形成的教案集中留传给下一年级段。但是，当每一课时都要经过集体备课时，集体备课便可能由帮助变成束缚；在教师们对集体备课的依赖性增强后，学校要求教师独立备课反倒变成了苛刻要求；在教师们习惯于统一教案后，个人思考少了，教学过程质量反而降低了……。集体备课面临着迭代发展的挑战。

在实践中，不少教师意识到，集体备课没有必要覆盖全部教学内容。集体备课应该是教师们关于典型教学内容的研讨，是关于教学问题的集体寻策。于是，有些学校不再每周组织集体备课，而是针对教学实际，选择典型的教学内容与较为突出的问题，规划好一个阶段的集体备课主题（有时也会临机增加研究主题），开展指向具体教学问题的集体研课。

进入集体研课阶段后，研讨就不只发生在课前了。集体研课要求教师将课前研讨、课堂实现与课后反思结合成一个完整的研究单元，并通过其与行为跟进的结合，形成研课实践的螺旋式进步。在集体研课中，教师需要将教学中发现的、有代表性的现象与问题提取出来，分析其原因，并结合教学内容设计解决方案。大家要在研讨中形成具体的办法和关于规律的思考，继而进行课堂实施与课后分析。集体备课渐渐演变成课例讨论，并成为教师行动研究的引子。它对教师在教学过程中发现问题的"问题化能力"要求渐高，并要求教师要有针对问题寻求问题解决的"寻招"行动力。

把握教学设计与课堂实现的距离是集体研课的一个重点，也是教学设计迭代发展的依据。在实践中，有两种呈现和比较教学设计和课堂实现的方法：一种是课前预演式说课，由执教者先说明预设与意图，其他教师再听课就可以一眼看出设计与教学之间的距离；另一种是课后反思式说课，由执教者自己道出课前设计与课堂实现的差距。后者这种基于反思的研讨，是试图举一反三的教学研究，也是从长计议的教学准备。这一减少重复劳动、增加研究深度的措施，受到了教师们的欢迎。

在集体备课开展得比较深入的学校中，集体备课渐渐演变成以教学讨论来解决教学问题的教研形式。从关注教学内容，到关注教学现象，再到切入问题，集体备课渐渐从单纯的编写教案变为教师业务活动的有效方式，其研究的理性水平不断提高。也正因如此，集体备课真正成为教师专业发展的有效载体，成为推动教学改革的重要措施。

（四）基于独立备课的集体研修

集体研课不能仅仅满足于对教学过程设计的优化，还要"目中有人"，将提升教师分析和解决教学问题的能力也作为工作目标。这时，"研课"同时就是"研修"。

在集体备课常规化后，一些教师，特别是新教师，会误以为采用他人教案是天经地义的方式，而削弱了他们对教学设计的钻研。现实中，集体备课的推广和在网络上获取教学资源的便捷化，已经导致教师在课堂教学的独立构思能力上有所退化。这会让"有教案无备课"的现象蔓延。所以，集体备课必须强调以教师独立备课为前提，使备课成为教师个性化的日常教学研究活动。

有些学校的集体备课一改过去"分工备课"的习惯，策划在教师人人独立备课的基础上组织研讨，并将其作为新的教师研修形式。他们一般选择某一典型教学内容，要求参与教师人人现场独立备课，然后通过研讨交流与资源学习等环节促进教师的专业理解与教学智慧的积淀。虽然这个过程也是一个备课与备课研讨的过程，但它的目的在于提高教师的教学理解和执教能力。人人独立备课是一段教师必需的亲身经历，它是有效研讨的重要基础，是唤醒教师对当前备课习惯进行反思的体验过程。

案例 2-5

一次独立备课的研修策划[①]

在一次面向语文教师的培训中，导师让学员们按以下流程进行为期两天的基于实践任务的研修活动。

（一）独立备课与研讨（首日上午）

导师选择某篇典型课文，让学员们在封闭状态下独立备课，之后进行研究。

（1）学员们分别独立解读文本，构思课堂框架，形成第一版教案（90分钟）。

（2）学员们讨论交流并由导师点评（90分钟）。

（3）学员们分别改进自己的教案，形成第二版教案（30分钟）。

（二）资源学习与教学设计改进（首日下午及晚上）

学员们在开放状态下阅读研究相关资源，以借鉴学习和改进教学设计。

（1）导师提供该课文的相关资源，供学员们钻研浏览，并允许他们上网搜索资料，借鉴学习。在此基础上，学员们分别思考改进教学设计，形成第三版教案。

（2）学员们针对三版教案的形成过程，以及在浏览资源过程中受到的启发，写一篇一千字左右的体会文章。

（三）独立备课的成果与体会交流（次日上午）

（1）学员们交流完善后的教学设计与研修体会。（教学设计还可以为后续的课堂教学研讨做铺垫。）

（2）导师进行小结与点评，就备课的若干关键问题（单元目标、课标理解、文本解读、学习环节设计、学习过程预期、作业设计等）做针对性的指导。

在这个研修活动中，学员们要经过"独立解读构思""相互交流讨论"和"借鉴相关资料"三个环节，在既有合作又强调独立的活动过程中，逐渐形成完善的

[①] 案例引自：赵群筠.语文教师的实践研修故事 [M].杭州：浙江教育出版社，2010：39.有改动。

教学设计。

独立的文本解读能力是语文教师教学能力的基础，也是在目前资源唾手可得的环境中，语文教师专业能力的薄弱环节。所以，我们必须要让教师在脱离备课的参考资源的情况下，独立解读文本，凭借自己的认知结构、生活经历和阅读经验去研读课文，抛开专家学者的至理名言和现成分析，与文本对话，弄清课文"写了什么""是怎么写的""为什么这样写""写得怎么样"等问题；让教师独立构思课堂教学思路，形成第一版教学设计。对于平时习惯先参考资料再阅读文本的教师来说，独立解读文本的体会是陌生的，但又是十分有益的。

我们虽然强调独立备课，但并不是拒绝合作与交流，而是要求教师先独立后合作。要上好一堂课，教师仅仅凭借个人力量来备课也是不够的。大家在表达自己观点的同时，认真倾听同伴的意见，及时进行交流讨论，可以补充和更新自己的已有思考，扩充文本解读的内涵，形成第二版教学设计。这是一个有指导的集体备课过程。在这一过程中，教师要提高自己的交流能力，并在交流中学习本领。

"独立思考在先，参考资料在后"是备课的基本原则。我们强调独立备课，同时也鼓励教师提高自己的资源学习与资源利用能力。在独立解读与同伴交流后，教师对文本有了自己解读的底气。在这一情况下，我们可以开放网络，允许他们搜索相关资料，并提供该课文的相关资源（包括教参、网络和其他参考资料），供教师钻研浏览。教师在这一过程中完成思路的把握改进、环节的过渡琢磨、材料的相应补充和细节的精心营造等活动，最终形成第三版教学设计。其实，围绕教学重心查寻、甄别、筛选资料，也是一项非常重要的本领。

集体备课不能只是研制教案的过程，而要以帮助教师学会备课为目标，提升教师的执教能力。在实践中，集体备课已从原来针对较为常见或突出的问题的"寻招"，转变为策动教学改革的基础行动。要在常态课堂中体现教学改革的思想，集体备课必然是一个重要阵地。许多学校的集体备课不再把重点放在教案的设计上，而是从学习活动设计的角度研究"学案"与"学材"；有的学校以"任务"与"资源"作为集体备课的关键词，把作业研究结合到备课中来。这些对于备课的新理解，并不是刻意的创新，而是教学准备环节的重点随着教学论的发展而发生的变迁。

　　从对学校集体备课发展的回顾和分析中，我们可以看到集体备课从形式走向实质，从工作应急变为方法指导，继而深化为问题研究的历程。因此，学校必须以发展的眼光看待集体备课工作，以行动研究的策略来推进集体备课，要及时发现实际工作中的问题，实事求是地调整制度和操作要求，实现集体备课的与时俱进。

第三讲

旨在优化作业
过程的校本研修

　　作业是承载学习内容、体现学习方式、包含过程性评价的自主学习任务。优化作业过程的突破口在于对作业功能的研究，在于作业与课堂学习的沟通。在不同的学习环节，教师应设计不同功能的作业，以支持和促进学生的有效学习。管理者要结合校本研修，有效提高教师在作业选择、设计、布置、批改、反馈、指导等方面的能力。探索"校本作业"的价值未必在于其成果与作品，而在于教师参与研制过程而展开思考的研修意义。

本讲我们一起讨论关于作业的校本研修。2021 年 4 月，教育部下发《关于加强义务教育学校作业管理的通知》，提出"把握作业育人功能"的总体要求，并对作业的设计、布置、指导、反馈等方面提出具体要求。重视作业管理是落实"双减"政策的具体措施，但更重要的是，它反映了当前"学为中心"的教育思想，关注对学生学习活动与学生学情的研究。这就要求我们加强校本研修，不断提高教师能力，优化作业过程。

我们认为，优化作业过程，关键在于正确地理解作业的学习功能。在前面关于备课管理的讨论中，我们曾谈到"学习活动设计先于教学过程设计"是备课的重要原则，要引导教师站在学生立场，重视学习活动的设计。作业的本质是自主学习任务，学生学习活动可以视为广义的作业。作业是学习进展的基本单元，体现了"以任务承载学习"的机制。

在作业这个专题中，我们主要讨论以下三个问题：

第一个问题：当前学校作业管理过程与教师作业管理行为存在哪些问题？

第二个问题：如何从学习任务的视角重新理解作业的学习功能？

第三个问题：学校如何开展有效的校本研修，以提高教师的作业设计与实施能力？

一、关于教师作业管理行为的一次调查

2009 年 4 月，在一次教研组长培训中，我们进行了关于教师作业管理行为的问卷调查，试图从四个角度了解教师们对"精选""先做""全批"这三项作业管理行为的认识与当时的"现状"。这四个分析角度分别是："你当前是否做到？"（现状）；"你认为是否必要？"（必要性）；"你主观上想做到吗？"（愿望）；"你能否做到？"（能力）。下面是这次调查的结果与相关分析。

（一）在"作业精选"方面教师知行不一，能力缺乏

图 3-1 呈现了关于"作业精选"的调查结果。

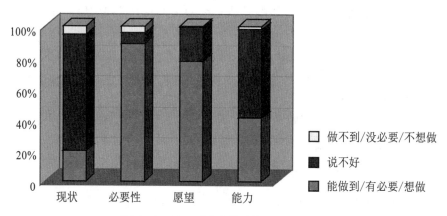

图 3-1　关于"作业精选"的调查结果

调查发现，只有 19.4% 的教师认为自己在作业精选环节做得较好。这是三项作业管理行为中落实率最差的。可见，强调作业精选很有现实针对性。

不过，调查也发现，88.2% 的教师认为作业精选很重要，77.4% 的教师有精选作业的主观意愿。但是，为什么教师们的主观认识与现实相距如此之大呢？从调查结果看，只有 40.8% 的教师觉得自己有能力进行作业精选，约六成的教师对如何精选作业并无把握。这是一个重大的能力缺失。教师的职前教育课程确实忽略了对如何设计与布置作业的学习与实训。而当教师走上工作岗位后，以"拿来主义"布置现成作业居然成了很多教师作业布置的基本习惯。能做到根据教与学的情况，琢磨作业的选择与设计的教师总体不多。

当然，我们不能把作业精选的问题全部归因为教师的能力不足。在觉得自己有能力精选作业的 40.8% 的教师中，为什么只有 19.4% 的教师认真精选作业了呢？那是因为复杂的竞争环境让一些教师失却了从容，还有对学习结果的频繁测试导致教师们对学习规律的漠视。

（二）仅三分之一左右教师能够"作业先做"，教师工作责任心欠缺

与作业精选一样，作业先做也属于教师作业布置行为的一部分。教师在布置

作业前，若能自己先试做一遍，先体会一下作业的意图与难度，就可以将不恰当的作业"过滤"掉。

图 3-2 呈现了关于"作业先做"的调查结果。

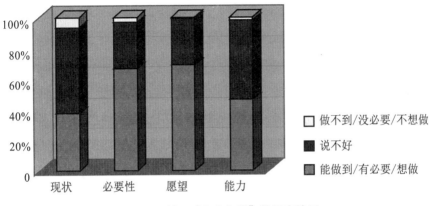

图 3-2　关于"作业先做"的调查结果

调查发现，36.6% 的教师能够在布置作业前先试做一遍。认为作业先做很重要的教师和愿意先试做作业的教师分别有 65.6% 和 68.8%。这说明三分之二左右的教师有正确的认识，但只有三分之一左右的教师能坚持在布置作业前先做一遍。

与作业精选相比，作业先做的知行差距并不算大。至少一半多主观上意识到"先做"的重要性的教师，都能负责任地身体力行。因为从常理看，对于教师来说，把学生作业先做一遍并不是高难度的任务。但是在调查中，只有 46.2% 的教师自陈有能力做到作业先做，相对于愿意先试做作业的教师，这里有超过 20% 的"流失者"，这就有些耐人寻味。教师先做一遍都有些困难的作业，学生们能够完成吗？

对于无法做到"先做"，以及能做到但还未做到"先做"的教师来说，主要的原因可能是教师个体的工作责任心不足以及教师工作的超负荷。这是一个真实的、需要认真面对的调查结论。

（三）过半教师未能做到"作业全批"，对作业批改的认识尚不到位

图 3-3 呈现了关于"作业全批"的调查结果。

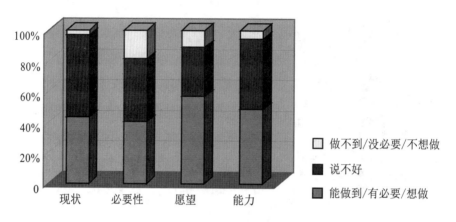

图 3-3　关于"作业全批"的调查结果

有作业，当然要批改，这是一个基本道理。然而，我们在调查中意外发现，有 18.3% 的教师认为作业没必要全批，39.8% 的教师对作业是否要全批不置可否，只有 38.7% 的教师认为作业需要全批。这是三项作业管理行为中，教师的认识分歧最大的一项，甚至于认可者（38.7%）比意愿者（57.0%）、执行者（43.0%）还要少。

部分教师不认可作业全批全改的原因主要有三点：一是作业太多，教师无法一一批改；二是教师对作业批改的目的存在误读，孤立地看待作业批改；三是不同学科的作业批改要求有差别，不同类型的作业批改形式各有特点。这些归因的关键在于教师对作业批改的目的与作用的理解。如果作业批改仅仅是为了判断学生答题是否正确，让课代表代劳未尝不可；如果作业批改只是为了告知学生正确答案，那教师课上讲解作业，课后张贴答案，让学生自己核对，也能解决问题。然而，作业批改环节的真正作用还有学情诊断、师生对话等。教师要通过作业批改，了解不同学生个体目标达成的差异，了解学生知识能力体系的落实情况，并以此为依据进行学习指导和后继学习设计。教师还要通过作业批改，与学生对话交流。这是十分重要的形成性评价环节，是师生沟通与激励的通道。

不过，令人欣慰的是，在教师对作业全批有较多不同意见的情况下，尽管作

业全批的落实率未过半数，但其在三项作业管理行为中却是最高的（43.0%）。这说明在教师群体中，还是有一批尽责的、朴素的"脊梁"。

二、作业过程中的深层次问题

综合以上调查，我们能看到教师在作业选择、布置与批改方面存在的问题，以及教师作业设计与实施能力不足的情况。对学生在作业过程中效率不高的现象与原因做进一步分析，可以发现以下几方面深层次问题。

（一）作业功能单一，师生对于"题海训练"习以为常

长期以来，人们将作业定位于课后巩固训练。单一的作业功能定位导致教师布置的主要是强化记忆的操练作业，以图熟能生巧，但作业中的思维过程却被条件反射所代替。尽管强调"熟练"、忽视"理解"容易导致"有作业无学习"的问题，但很多学校管理者与教师却不太理会，大家往往更认同"作业多多益善""多做总比少做好"，以为"与考试测验越相似的题目就是越好的作业题目"。于是，作业布置随意，作业量攀升，以"押宝"的心态和"下围棋"的手法布置海量习题作业的教师相当常见。

有的管理者对作业量失控的问题，其实是表面上限制实际上默许。这使得与试题相似的作业恣意增加，"题海训练"泛滥，学生疲于刷题，学习停留在为应试而记忆的层面，许多目的性不明确、性质与方式不相称的作业占据了学生的有限时间，消耗了学生日渐式微的学习动力。

（二）作业与课堂学习相脱节，导致学生学习效率在低水平徘徊

回想二三十年以前，上课的、编作业的、出考卷的教师是同一位教师还是不同的教师？再来看今天，上课的、编作业的、出考卷的教师是同一位教师还是不同的教师？究竟从何时开始，原先的"教作评一致"变成了如今的"三权分立"？到底是今天的做法合理，还是当年的做法正确？

我们发现，这些年过度强调"教考分离"已对教育教学状态产生了严重破坏。

当教师不再参与作业设计，对合格作业、优秀作业的鉴别缺乏思考时，当师生对"拿来主义"的作业习以为常时，课后作业与课堂教学的配合已不被重视，学生的学习效率便只能在低水平徘徊。

而且，因为学生个体差异的存在，作业布置应有针对性和层次性。不同学习阶段、不同水平的学生，需要不同的作业和差异化的要求。不管采用阶梯式递进还是螺旋式上升，针对同一知识点，教师在不同的学习阶段也应布置不同的、更适切的作业，以体现出"识记、理解、运用、综合、评价"等目标的层次差异。但在"拿来主义"泛滥的情况下，作业选择往往只考虑知识点的涉及，有时甚至连这一点都未必得以落实。

（三）作业"有批改无分析"，反馈指导作用落实不够

作业是重要的形成性评价环节。作业的价值在于其批改后对学生学习的诊断指导和对教师教学的回馈。然而，目前教师在作业批改中，大多只是进行答案对错的评判，却忽略了对学生错误成因的分析；有的教师可能会从作业难易程度、完成时间等方面进行分析，但很少去透视学生完成作业的过程。这导致作业的反馈指导功能得不到落实。尤其在反映学生思维能力的开放题上，简单化的批改使学习者处于盲目摸索中，难得要领。

（四）作业停留在低阶学习的操练层面，忽略高阶学习与综合育人

当前作业问题的背后，其实是不正确的学习观的影响。包括家长和教师在内的许多成年人，都以为被动学习、低阶学习也是学习。但被动学习、低阶学习真的是学习吗？未必！正是大家对被动学习、低阶学习的错误认知，导致学生作业量的攀升与校外培训投入的增长。如果教师能够真正意识到被动学习、低阶学习的消极作用，作业设计与布置的思路就会大大改变。

作业不能只在关于"是什么"的知识记忆层次徘徊，而要涉及知识的理解与运用，促进知识转化成学生"对外办事"的能力。引导学生从被动学习走向主动学习，少一些低阶学习，多一些高阶学习，是当前作业改革的突破方向。

三、重新理解作业的学习功能

提到作业，人们必然会联想到"减负"。学生学业负担过重是我国基础教育的"顽疾"。一次次"减负令"大都从"控量"入手，但仅仅抓"控量"难防日后的"反弹"。优化作业过程，须准确把握作业的本质，科学运用多样功能的作业，明晰作业的设计意图，促成有效学习。

（一）作业的本质是自主学习任务

近年来，我们对于作业的认识已有很大发展。如果说，课堂教学是教师组织学生开展的学习活动，那作业就是学生自己组织开展的学习活动。作业的本质是一种自主学习任务，通常是教师为配合课程进度，为学生设计的系列化的自主学习任务，是承载学习内容、体现学习方式、包含过程性评价的自主学习任务。它类型多样，存在于学习活动的各个阶段、各个环节，发挥着不同的功能。

我们过去对于以作业承载学习内容这个维度较为重视，所以还有关于作业的知识图谱等的研究。但我们对以作业体现学习方式、通过作业进行过程性评价这两个分析作业的重要维度却较为忽视。缺少这两个维度的考量后，只关注知识关联的作业很容易沦为一般的习题训练，从而有"关注结果，忽视过程"之嫌。当我们在此基础上，兼从学习方式与过程性评价的视角看作业时，作业便"生动"起来了。它从只有附属意义的课后巩固训练，发展为具有独立意义的自主学习活动。

减轻学业负担，推进作业改革，不能孤立地研究作业、控制作业量，而要从功能的视角切入，提高教师的作业设计与实施能力，将作业融入学习的全过程，还原作业的学习意义。

（二）融汇于学与教的全过程的学习任务

针对作业与课堂学习的脱节，我们必须树立融入教学系统的新的作业观。作业不只是练习，而且是承载学习的任务。教师应以作业推动学生学习方式的转变，让学生从被动学习方式转向主动学习方式，从无视学科特点的划一的学习方式转向尊重课程性质的多样的学习方式。

虽然过去我们也强调教师备课要备作业，但今天，当作业被视为贯穿"学""教"全过程的多样任务时，备作业与备课是浑然交织在一起的。作业设计，就是关于学习的设计，以及如何运用学习设计来组织学习的设计。

基于任务学习思想，我们构建了"课堂学习与作业相融合"的操作体系（见图3-4），引导教师以任务（作业）来组织教学进程。

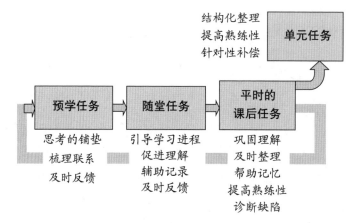

图3-4　"课堂学习与作业相融合"的操作体系

高明的教师，往往站在学生的立场设计学习活动，以聚焦核心知识的、简明的学习设计来促成有意义的学习的发生。学习设计指的是由预学任务、随堂任务、课后任务等组成的学习活动基本框架。"学习设计"的提法较"教学设计"的进步在于，前者强调从"备教"转向"备学"，要求教师研究学生的学习规律，设计学习任务，策划学习活动，把上课的"教"视为对学习设计的运用。"学习设计"的提法，可以突破45分钟的课时限制，将课前预习设计、课堂学习讨论设计、课后巩固延伸设计，甚至单元学习设计都包含其中，有助于教师更好地认识完整的学习过程。

1. 课前的预学任务

我们认为，学生自己学会的"会"与教师教会的"会"，是两种不同性质的"会"，也是两种不同水平的"会"。所以，要鼓励和帮助更多的学生开展预学，我们必须引导教师将作业研究的重点从课后补充练习，调整到课前预学上来。之所以称其为"预学任务"而不是"预习任务"，是因为在教师讲课之前请学生经历的学习任务，一定不能是熟练取向（习）的，而应该是理解取向（学）的。预学任务并不是人们原来印象中的阅读教材，而是要通过思考与体验来达成理解、实现学习。教师对学生预学的帮助，体现在预学任务的设计上。这其实是教师备课的核心，也是很多学校尝试探索的"学案"的重要组成部分。

案例 3-1

预学任务：触及核心学习内容的提前思考

（一）影响液体蒸发快慢的因素及实验求证

请同学们在阅读教材前先花十分钟思考以下问题。

思考1：请你试着用手蘸水在桌上写字，并跟同桌比一比，看谁写的字干得快。桌上的水干了，我们在小学科学课中知道，这种现象叫＿＿＿，物质从＿态变为＿态。生活中还有大量此类现象，请举出三个：＿＿＿＿＿＿＿。

思考2：晾衣服时，哪些方法可使湿衣服尽快变干？（请尽可能多地写出）

思考3：请你从各种能使湿衣服尽快变干的方法中，猜测影响液体蒸发快慢的因素有哪些。

思考4：若要在课堂上验证你的猜测，你如何设计实验？如何控制常量与变量？

（二）浮力及影响浮力大小的因素

请同学们准备一盆水，然后尝试将一只皮球按入水中。

思考1：请你说说将皮球按入水中时，手上有什么感觉。

思考2：请你比较皮球刚被按入水中时，与皮球整体浸入水中时，手上的感觉有什么不同。

思考3：请你猜测影响浮力大小的可能因素。

这两例预学任务都不是关于知识点的、面面俱到的练习，而是简明的、触及核心学习内容的思考性任务。它们很好地体现了初中科学课程学习的特点，遵循"联系生活、归因猜想、实验验证"的学习方法，意在促进学生将方法变成习惯。引导预学的作业通常应有完成作业的情境说明。让学生"在阅读教材前"思考问题，是有效预学的一个条件；要求学生只"花十分钟"思考，是因为先学的目的未必是完成学习目标，而是让学生完成自己能够独立解决的部分即可。

2. 课堂上的随堂任务

我们认为，教师在课堂上最重要的任务不是讲课，而是组织学习。教师要基于学情，引导大部分学生循着学习设计，水到渠成地达成学习目标。教师如何组织学习，促成学习的真正发生？这就需要通过学生现场完成的随堂任务来承载和推进。

随堂任务可分成思考型、表现型、讨论型、记录型、训练型和反馈型等多种类型。教师们最熟悉的随堂任务是课末的当堂练习，通过几道习题进行巩固训练与及时反馈。其实，在课堂上，教师也要重视设置沉默时间，抛出面向全体学生的独立思考型任务，驱使每名学生亲历关键性的思考过程；还要创设让学生将思考过程完整阐述出来的表现型任务，以推动学生从浅层的应答走向深入的理解。

案例 3-2

帮助学生随堂记录的特殊作业纸

在一节初中科学的复习课上，PPT 呈现出一辆顶篷透明的汽车。教师以这辆汽车为背景，结合汽车的若干零部件引出许多道关于科学知识与原理的思考题。学生的学习热情被调动了起来，教师相机启发、引导、点评、解释。一堂课就这样欢快而有效地完成了。教师的教学准备与课堂表现都相当精彩。

这堂课确实有许多值得肯定的地方，但也有一个现象引起了我的注意。课堂上，除了教师提醒时学生们拿起笔来做记录，其他时候主动记笔记的学生不多。当我将这一观察发现反馈给教师时，她认同我的发现，却不知如何改进。

思考片刻后，我给了她一个建议，请她准备一些白纸，每张纸中间印上与PPT 上相同的顶篷透明的汽车，上课时发给每位学生，然后继续原来的课堂教学过程。试想一下：学生们听课时记笔记的情况会有所改善吗？这张中间印着汽车的白纸算不算"学案"？

一个有效的学习过程需要完整包括听、记、思考、交流、实践等。教师较为重视对自己在课堂上"播放"知识的准备，却相对忽视对学生在课堂上"接收"知识的设计。但是课堂的学习成效却往往受制于学生学习记录的质量。设计帮助学生记录要点的作业单与讲解阐释学习要点，其实是同等重要的。那张印有汽车的白纸，十分简单，却很有效。它以留白暗示学生可以在此记录，以相同的图片暗示相互联系，巧妙地提醒学生及时并有条理地记录，从而形成日后方便复习的笔记。这种记录型随堂任务是目前研究的空白，但却有"四两拨千斤"的作用。教师要研究设计必要的记录型随堂任务，支持或指导学生学会有效记录。

3. 课后的及时复习任务

课后的及时复习任务，必须转变简单训练的模式。其研究点主要有四个方面：一是要处理好"理解"与"熟练"的关系，防止在学生尚未理解时，就加大熟练性的训练；二是要尊重学生的层次差异，同时设计面向全体学生的巩固性作业与面向学有余力学生的提高性作业；三是要重视诊断与补偿，在作业设计时明确作业意图与解释性，赋予作业诊断功能，增加基于诊断反馈的补偿性作业；四是要重视联系与整理，以形式多样的整理性作业，帮助学生及时将零散的学习转化为有组织的知识建构。

4. 注重整体学习的单元作业

长期以来，中小学以课时为基本教学单位，教师习惯于按课时来布置作业。但最近几年，出现了对"单元作业"的倡导。

目前单元作业的思路有两种。一种是以单元为基本单位，整体规划作业目标，选择作业内容，统筹作业时间、难度、类型，设计本单元的全部作业；另一种是在课时作业的基础上，为单元小结而设计阶段性作业。它们都旨在促进"碎片化学习"向"整体性学习"转变。

这里我们按后者的思路，关注单元作业设计与课时作业设计的区别，重视阶段性作业的深化以及诊断与补偿的落实。单元作业应关注知识的整理与联系，关注知识的深度应用，注重习题的针对性与可解释性，有时还需有根据诊断而跟进的补偿练习的预案。

我们应强调作业研究与课堂变革的内在联系，从学习全过程的视角看作业的改革，从学习机制的角度阐释当前课堂教学改革的方向。教师要减少复习性的课后作业，增加前置性的预学思考任务，关注随堂任务的针对性与及时反馈，克服不论时间节点均布置同质化作业的弊习，借作业来推动学生学习方式的变革。教师还要注意作业与测验的区别，防止以训练代替学习；也要利用作业与测验的形似，构建"教""作""测"的协同机制，克服当前学校教学中较为严重的"教作分离"和"教考分离"的弊端。

基于任务的学习设计及其运用正是在实践中逐步成熟的课堂教学改革的一个方向，也是作业研究的发展与升级。作业（任务）存在于学与教的全过程中，在不同的学习环节，有着不同功能的作业（任务）能够支持和促进学生的有效学习。

（三）基于丰富多样功能的学习任务

什么是有效的作业？有效的作业如何设计？除了对于学习内容的针对性、对于学生水平的适切性外，教师是否明白作业的目的，学生是否了解作业的意图，也是其中的关键因素。现实中，学生盲目进行大量练习的背后，是教师从作业功能来审视作业的设计与实施的缺乏。

作业功能指的是作业在学习进展中所起的作用。根据作用特点的不同，作业可以分成若干类型。例如：学生课前开展有意义的预学，独立思考与尝试，为课堂学习做好准备（引导预学的作业）；学生完成关于学习要点的基本理解的基础题，主要帮助自己澄清概念及关键变式（促进理解的作业）；学生在基本理解的基础上，以适当的重复作业与变式作业，强化记忆，形成熟练回应的能力（提高熟练性的作业）；学生进行知识整理，以形成良好的知识结构（梳理联系的作业）；学生完成一些与具体教学内容无关的作业，目的是知识与能力的日积月累（坚持积累的作业）。很多坚持积累的作业也就是促成习惯的作业，因为对于学生来说，良好的学习习惯比知识结果更重要。

案例 3-3

促进学习习惯形成的积累性作业

尊重课程性质、体现学科学习特点是作业设计的重要原则。不同学科的作业，其设计、运用及管理都应该各不相同。现实中，不少学校的作业管理制度存在缺陷。譬如，有的学校要求作业"日日清""周周清"，这对于数学、物理等学科还比较适合，而对于语文学科就有些不适用。

不同课程所对应的学习方法应该有所区别。这是由课程性质所决定的。数学学科属于典型的"链条式"学习模式，学习进展环环相接，中间的"缺链"会影响后继学习。所以，"日日清""周周清"的策略符合其学科特点，重视同步练习也是合理的。但是，语文学科却是典型的"螺旋式"学习模式，语文的学习进步不会立竿见影，提高学生语文能力必须重视对一些旨在帮助学生养成学习习惯、掌握学习方法的积累性作业的坚持。

譬如：教师可以要求学生注重日常积累，重视在具体语境中对字词的理解与运用，在生活中感悟和习得语文学习方法；要求学生课外开展"海量阅读"，从教师推荐阅读到学生主动阅读，从文本阅读到多媒体阅读，在精读与略读相结合的阅读过程中掌握阅读的基本要领，形成个性化的阅读方法；鼓励学生开展"主动写作"，充分认识"什么是写作""为什么要写作"，通过记周记、写随笔等形式，鼓励学生主动表达，引导学生养成将非正式表达述写下来的习惯；在日常语文课堂教学中，腾出一定的时间来开展阅读、写作的交流，在表现性活动中引导学生开展积累性学习。

对作业功能的研究是一种研究思路，即从分析某一作业在具体学习活动中的作用入手，指导作业的设计与运用。简而言之，该思路就是从作业的视角，看学习是如何实现的。我们主张在不同的学习环节，选择设计不同功能的作业来支持有效学习。

四、提高教师的作业设计与实施能力

加强作业管理，优化作业过程，必须先帮助广大教师学会从功能的视角理解作业，提高作业设计与实施的能力。于是，从2006年开始，我们的研究聚焦在教师的作业管理行为上，提倡开展以改进作业为主题，旨在唤醒教师钻研作业管理技术、优化作业过程的研修活动，结合校本研修探索提高教师作业设计与实施能力的有效途径。

（一）作业的选择与布置

作业的选择与布置包含四方面的要求：一是根据学习内容，确定作业范围；二是针对学生的个体差异，确定不同的作业要求；三是明确作业的意图，以科学合理的形式呈现作业；四是设置恰当的作业时机。其关键在于"精选"与"先做"。教师作业布置的意图要清晰，对作业选择的必要性要有把握；教师事先要进行作业试做，对其科学性与适切性要有把握。对于教师来说，这些要求看似理所应当，但切实落实起来并不容易。

作业的选择与布置本是备课的一部分。然而，长期以来图书市场上习题集的泛滥让人们忘记了作业的初心，对于随意、盲目的"拿来主义"的现成作业习以为常。这种"大海捞针"的战术浪费了学生宝贵的时间。我们认为，如果作业不与课堂学习形成内在联系，那它必然是低效甚至无效的。不会编作业的教师，一定不是合格的教师。教师只有参与作业设计，对具体作业的意图与功能心知肚明，方能有的放矢。如果自主设计作业有困难，事先试做一遍应是对教师作业布置的底线要求。在选择与改编中学会作业设计是教师提高教学能力的第一步。

案例 3-4

作业评论师：反思"拿来主义"的作业

针对教师中广泛存在的，不加筛选地布置"拿来主义"的作业的现象，管理者必须引导教师学会分析作业的设计意图，学会鉴别有效作业与无效作业，从而帮助教师提高作业选择与布置的能力，形成分析作业的良好习惯。为此，某校备课组确定了关于有效作业的研究主题，策划了包括分别研究与集中研讨两个环节的研修活动。

在分别研究环节，备课组选定与教材配套的三个版本的同步练习册，请各位教师按单元分工，以"作业评论师"的身份依照以下流程，评价分析不同练习册的同一单元的作业。具体任务与流程有：（1）结合课程标准，逐题分析作业设计意图；（2）从有效性的角度进行逐题分析评价；（3）选择若干有代表性的存在问题的习题，尝试进行改编，并说明思路；（4）基于逐题分析，梳理有效作业的特点，形成自己判断作业有效性的依据；（5）提出该单元的作业方案，并简明阐释作业布置的思路。

在两周后的集中研讨环节，备课组请每位研究者分别报告自己的研究发现与典型分析，发表关于作业布置与改进的观点和建议，从分析作业意图、评析作业质量，到分析篇章作业与单元测验的功能与布置思路……

在这一研修活动中，参与者都有明确的任务，这些任务驱使他们始终处在学习与研究的兴奋之中。要提高研修活动的质量，需要从以下方面着手：第一，活动目的要明确。该案例试图启发教师就习以为常的作业布置习惯展开反思，强调"明确作业意图是作业布置的重要前置环节"，所以请教师做"作业评论师"，让教师进入反思角色。第二，任务要具体且贴近实战。这个案例中如果没有那五点具体任务，很多教师会觉得无从下手，但以这些与日常工作非常接近的任务为"阶"，教师就能在任务的自然延展中循阶而上。第三，任务须与理性思考相结合。这个案例中教师既要做作业的逐题分析，又要梳理有效作业的特点，从而保证在行动与思考这两个层面都有真实的参与。第四，"预研任务"要得到重视。研究不只发生在集中研讨的现场，通过"预研任务"的分别研究，集中研讨能够在充分准备的基础上进行，从而促进更为丰富的成果生成。

要让课后作业与课堂教学结合好，关键是教师要有对作业功能的思考。教师要思考具体作业在单元或课时中的作用，以指导作业的选择与设计，将课后作业与预学任务、随堂任务联系起来，作为学生自主学习的延伸，而不是将其视为简单的课后巩固练习；还要从促进课堂教学效率提高的角度来研究作业，而不是将其视为割裂的强化训练。

案例 3-5

以作业为线索的现场教学设计比赛

某校组织了一次数学教师技能比赛。比赛分为独立思考与展示研讨两个环节。

参赛选手先独立思考一小时。主办方要求参赛选手针对某一课时的教学内容，独立解读教材，限时完成课堂例题、随堂练习、面向全体学生的课后巩固性作业与面向学有余力学生的挑战性作业的设计，并分别说明设计意图，以反映个人对该课时的教材分析与教学理解。

趁中间休息时间，工作人员将参赛选手的作业设计材料复印给评委，再抽签决定后面展示研讨环节参赛选手的发言顺序。

在随后的展示研讨环节，参赛选手分别阐述四类任务的设计思路，说明哪些题目是选用的、哪些题目是自己有所改编的。在大家点评议论后，评委代表再做深入分析……

这次聚焦随堂任务与课后作业的研修活动，看似是关于作业设计的比赛，其实是对教学设计的现场研讨，甚至可以看作一次集体备课。基于数学学科的特点，我们可以从教师对于例题与习题的把握中，透视其学科素养和教学理解。在展示研讨中，我们可以关注教师对课堂任务与课后作业的特点的把握，关注其在例题与随堂作业的配合关系、作业组编的基本策略、对全体学生和学有余力学生的差异要求等方面有无清晰的思路。这些要点是教师作业设计与实施能力的重要方面，是教师的教学基本功，但因为过去没有被独立地关注，教师很少对其进行聚焦讨论。这次活动的意义在于将研讨指导寓于竞赛之中，让教师关注这些细节的经验，并将基于经验的思考说出来。

在作业的选择与布置中表现出来的教师的能力是综合的。如今，作业布置中的学问还尚未被教师充分重视。大家通常以为，作业布置就是把作业告诉学生。其实，布置作业的过程可以充分显示教师对于学生作业指导的分寸与技巧，以及教师在作业呈现形式上的智慧。

（二）作业的优化设计

尽管当前的作业主要还是在现成作业的基础上选编的，需要教师创编作业的机会并不多，但是提高教师的原创作业设计能力十分必要。作业设计能力能够反映教师对知识点的把握能力、设计与呈现学习任务的艺术，以及对学情的了解情况。作业设计能力也是考试命题能力的基础。

我们如何引导教师参与作业的优化设计呢？首先，要限制总量，规定一科一套，要求教师布置作业须预先经过试做、筛选、命题意图分析等步骤，并将其融入备课环节；其次，要通过作业改进案例分析、现场作业设计与展评等教研活动，真刀真枪地锻炼教师的作业设计能力；最后，要提高作业批改与分析的要求，增加教师关于作业的反思，以反馈指导作业的设计与布置。

1."校本作业"探索的研修意义

基于对"拿来主义"的反思，不少学校对校本作业已相当重视，强调教师布置的所有作业都应经过备课组的选编，引导教师参与作业设计。这一方向是对的。不过，校本作业的首要意义未必在于其成果意义，而在于其研修意义，在于研制校本作业的过程中教师的研修思考对于其专业成长的促进。教师要通过研制校本作业，学会基于对作业功能的思考进行作业设计，从而完善基于学习的教学设计。

案例 3-6

有效的及时复习：基于合理结构的作业

在通常的教学系统中，作业所起的功能是复习，一种及时开展的复习。作为复习，作业一般应包括"理解作业""记忆作业""应用作业""知识整理作业"四方面任务。学生课后的及时复习，要先进行知识整理，领悟知识之间的联系，真正理解弄懂知识后，再落实记忆性任务与变式应用。这样基于多种功能的作业组合，也是对学生学习的指导。但是，很多教师却忽略了这一规律，忽略了作业的合理结构。

某校的一位资深教师和几位青年教师一起，对若干课例的课后作业环节进行比较分析后发现，能够比较清楚地提醒学生完成上述四方面任务的教师非常少，"记忆作业"过量、"知识整理作业"粗放等问题较为严重。于是，他们选择"知识整理作业"作为教研主题，研究如何通过基于合理结构的作业组合，促进有效、及时的复习，进而将这种作业组合发展为校本作业的基本体例。

2.基于学生差异的分层作业

在班级授课制下，因材施教、尊重学生基础、设计适切的学习任务是作业优化设计的重点之一。但长期以来，教师们只是根据习题的难度来设置分层作业，缺乏学习方式上的作业分层。这也是教师作业设计与实施能力的生长点之一。

案例 3-7

分层设置的初中数学假期整理作业

在日常作业中，教师关注较多的是学生对于具体知识点的掌握情况。但对知识点掌握情况的检测有些零散，教师难以布置系统性较强的作业，学生也容易出现遗忘或顾此失彼的现象。因此，在学期结束，学生所学知识点初具系统性时，假期便是知识整理的黄金期。

有位数学教师构思了如下的假期作业方案。

对于基础薄弱的学生，教师不建议他们做题海训练，而是要求学生认真完成教师专门为薄弱学生编制的、放低要求的讲义。讲义让同学们一边梳理关键知识，一边理解核心例题，然后完成基础练习。

中间层次的大部分学生的任务是逐章整理，绘制"知识树"，将零散的知识点串成知识体系。在分析整理知识及常见题型的同时，学生还要对自己常错的习题也做一个系统的整理，从而有针对性地查漏补缺，并将其与知识体系相链接。

对于优秀学生来说，平时的错题多为失误，错题整理的意义并不大，他们最值得做的是"学习命题出试卷"。教师告诉学生出试卷的方法与要求，让他们为本册数学教材的每个单元编一份卷子，规定原创试题的比例，并要求学生注明命题意图。

这位教师深知一个学期的题海操练下来，假期再继续"题海战术"已难有效。所以，他构思了以知识整理为主的假期作业。但是，不同层次的学生需要或能够做的知识整理是不一样的，教师要求学生进行知识整理，必须先将整理任务具体化，并教学生学会整理。对于三个不同层次的学生群体，这位教师很好地抓住了他们的特点与需要，形成了针对性较强又各具挑战性，并能够很好体现数学学科特点的作业方案。

3. 探索体现假期学习特点的作业

寒暑假是时间相对集中、学生自主支配空间较大的学习时间，教师应重视探索体现假期学习特点的作业，既让学生劳逸结合，又促进适切而深刻的学习。但长期以来，很多学校仍然沿袭传统，选购练习册、印发综合卷，像平时一样，忽视个体差异地统一布置训练性的习题。虽然有的教师已意识到假期作业不能与平时作业同质化，但启动假期作业的系统改进并不容易。

案例 3-8

作业有意图　学习有意义

——改进寒假作业的研究与行动 ①

2010 年 11 月，某校组织各教研组开展寒假作业大讨论，让教师们站在家长的视角就改进寒假作业提出合理化建议。当教师转换立场讨论起来后，寒假作业的许多问题被揭露得更为深刻：布置统一，忽视个体差异；功能单一，过于倚重训练；意图不明，事先未加筛选；过于功利，背离学习意义……

于是，校长决定本学期开展"寒假作业'变脸'行动"，请各备课组分别研究课程特点与学生实际情况，在 12 月 10 日前提出本年级本学科的寒假作业设想，形成作业形式及内容的初稿，并阐释设计意图及可行性。

12 月上旬，校长召集备课组长与教研组长，召开寒假作业设计研讨会。初中5 个学科的 3 名备课组长与综合教研组长分别介绍作业方案，并阐释作业设计的意图。校长邀请专家对各组作业方案一一评析，并组织学科研究小组成员就完善作业设计进一步提出建议。然后各备课组根据有关建议，完善作业方案，并于 1 月 1日前定稿。最后年级组汇总整合作业方案后，具体布置落实。

寒假作业焕然一新，其主要特点有：（1）在重视知识落实的同时，关注学生能力的培养，还原课程的学习意义；（2）变习题操练为基于任务的问题解决过程，借助开放性展示，激发学生创意；（3）通过知识整理，有针对性地查漏补缺，促进知识体系的形成；（4）尊重学生基础与学习阶段的特点，体现作业的层次性、阶段性与选择性；（5）关注学生对自学的思维过程及学习方法的体会。

新学期开学后，学校很重视寒假作业的交流与反馈。一方面，学校组织学生开展问卷调查与座谈，倾听学生对寒假作业的感受及看法；另一方面，各学科组

---

① 案例引自：杭州市文晖中学课题组. 作业有意图　学习有意义：改进寒假作业的研究与行动 [J]. 浙江教学研究，2011（3）：35-37，30. 有改动。

精选优秀、有价值的学生作业进行展示。同时，各班教师总结学生作业中的闪光点和存在的不足，认真批改作业并及时反馈。

教师们心里都清楚，大量的假期作业是低效的。它不仅在浪费学生的时间，也在耗损学生的学习愿望。要想利用有限的时间，让学生开展有意义的学习，教师需要克服思维定式，研究假期学习的特点。这个案例中学校的"寒假作业'变脸'行动"简明有序，依托校本研修活动，从对假期作业的反思开始，务实开展作业研制、学生作业交流、征询式反思总结等活动，总结"新寒假作业"的特点，唤醒教师对作业问题的反思与研究，改进日常教学工作。

（三）作业的批改与分析

作业是重要的过程性评价，有作业便必然有批改，有批改就必须要有分析。很多中小学已在强调"有作必批"，但作业量的无限增加和教师对作业意图的忽略，导致作业批改越来越流于形式。一些教师甚至放弃了作业的具体诊断环节，只是简单化地核对答案与订正作业。然而，完整的评价反馈还需重视学生理解障碍的突破、知识系统的整理、补偿学习的跟进。这种"有批改无分析"的现象亟待关注。

作业改革必须重视作业批改与讲评环节，强调诊断分析、及时反馈与针对性指导，发挥作业的诊断与补偿功能。教师不仅要关注作业结果，还要关注作业过程与作业习惯，发挥作业的多方面教育效益；不仅要落实作业的全批全改，还要认真分析学生错误的原因，反馈改进教学过程；不仅要及时向学生反馈作业批阅结果，集体讲评共性问题，单独交流个别问题，还要引导学生根据作业批改结果分析学习中存在的问题，以更好地开展后继学习。

教师要重视开放性作业的评价与反馈。长期以来，人们将作业批改视同"对答案"的过程。对于客观题，确实如此；但对于有一定开放性的主观题，就不能只是对照标准答案，给一个"√"的符号，让学生自己去琢磨，而要通过详细明确的评语，指导学生进一步思考，以补充与修正对所学内容的理解。

案例 3-9

<h2 style="text-align:center">科幻小说的特点——主观题评分后的反馈[①]</h2>

测试题目：*Smog City* 是一篇科幻小说。请列举科幻小说的三个特点，并在阅读 *Smog City* 后用文中的例子来证明这三个特点。

这是一道关于材料文体类型的限制性开放题。学生需要列举科幻小说的三个特点，并用文中对应的例子来说明。因而，学生如果只是记住科幻小说的特点，就不能完成这道题的要求。学生只有理解科幻小说的至少三个特点，并能与小说文本相联系，才能达到教师的要求。教师在某学生的回答后给予了以下批语：

"你回答了这个问题的各方面，并通过文中具体实例来证明了小说的三个特点，包括人物、矛盾冲突和场景。但是，你关于矛盾冲突的阐述不够充分、完整；而且你并没有说明为什么这是一篇科幻小说，而非普通小说。"

该学生读完批语后，就能明白自己的问题与改进的方向。他首先要把关于小说的矛盾冲突部分的论证补充完整，然后进一步用文中实例来说明此文跟科幻有关。

要确保这类开放性思考的问题充分发挥作用，教师的批语反馈很重要，这是体现教育意义的师生对话。第一，教师批语应是学生友好型的。教师应尽量用学生能理解的语言，进行建设性分析，要让每位学生都能够轻易读懂教师的批语，并根据批语改进自己的答案。可能的话，教师还可以提供答案样例供学生比较分析。第二，教师批语必须辩证而详细。教师既要肯定学生回答中好的方面，也要指出其不足的地方。批语要有充分的鼓励和肯定，即便教师实在找不出可以肯定的地方，也可以表扬学生的书写，肯定其试着完成任务的努力。在被肯定的氛围中，学生才会更主动积极地去思考后续的改进。

作业批改的有效性反映在作业的诊断与激励功能上。教师要减少作业总量，重视作业批改中对学生错误原因的分析，跟进集体或个体的补偿性学习。

[①]　案例引自：陈晓晶，张丰. 作为一种教学法的学习测试：兼作中小学校内考试制度的反思 [J]. 基础教育课程，2016（7）：80-88. 有改动。

（四）作业过程的指导

教师如何在学生作业过程中施以有效的指导是一个重要课题。这种指导的目的并不只是帮助学生排除难题，还要促进学生养成自我学习的良好习惯。作业指导要与学生的学习习惯养成和学习方法辅导相结合。

杭州市富阳区银湖实验中学尝试的初中科学反思性作业就是一种能够提供有效指导的作业。所谓反思性作业，是指学生在作业订正后，自觉对发现的问题和作业的过程进行反思的学习活动，它主要包括错题分析（如错因探查、问题剖析和思路描述等）和整体反思（如要点整理、自我评价、学法感悟、情感觉察等），并在分析和反思中促进学习的优化（见表3-1）。

表3-1　反思性作业的实施流程

步骤	环节	实施要点
1	复习整理	"看书不作业"，即下课后在做书面作业之前先花几分钟看书复习
2	独立作业	"作业不看书"，即把每一次书面作业当成闭卷考试一样来对待
3	红笔订正	完成作业后立即校对，对照所给答案（尽量详细）用红笔进行订正
4	问疑讨论	通过讨论请教（小组长、课代表）问懂疑惑之处，都不懂的做上记号
5	错题分析	在每个错题的旁边用红笔写出错因分析、解题思路和经验教训
6	整体反思	对整次作业进行评价总结，用红笔写出认知和情感上的体悟
7	上交师批	以小组为单位上交作业，教师根据订正和反思的质量给予相应评价等级
8	下发登记	每次下发作业本后由小组长和课代表做好等级登记，定期统计表扬

反思性作业要求学生以自己的作业过程为思考对象，对自己的作业结果进行审视和分析。其基本目的是主动发现问题、深刻剖析原因、系统总结经验和彻底解决问题，通过错题订正、错因分析、思路阐释、经验总结和整体反思，促进学生学习方式的优化，提高学习效能，增强学生的责任心、主动性、批判性、探究性和创造性，实现学生的自我改进、自我教育和自我发展，从而促进学生素质的全面提升。

第四讲

促进教师理解与运用评价的校本研修

我们要端正教育质量观，研究与实施过程性评价，推行学科分项等级评价，应用表现性评价、协商式评价启发学生的自我评价，提高教师运用评价促进学生学习的能力。要指导教师学会解读考试的教学导向，经历规范的命题流程，在自主命题实践中提高命题能力；指导教师学会分析与应用考试结果，开展基于实证数据改进教学的校本研修。

本讲我们讨论关于评价的校本研修。应该说，学校对考试评价，也像对备课管理、作业管理一样重视。但是，在评价改革中，转变观念始终是第一位的。评价是改进，而不是证明。教师要先理解从"以评价来考量"转变为"运用评价促进学习"的意义，才能将评价视作一种教育教学方法。评价改革必须在方向上坚持原则，在策略上循序渐进。

在评价这个专题中，我们也将讨论三个问题：

第一个问题：如何在对学生评价的反思中理解"运用评价促进学习"的意义？

第二个问题：如何研究与实施过程性评价，以促进学生的有效学习？

第三个问题：如何开展有效的校本研修，以提高教师的命题能力和考试结果分析与应用能力？

一、当前学生评价中的主要问题

如何采用科学的评价方法，正确地应用评价结果，发挥评价的诊断、激励与改进功能，是学生评价改革的主线。但有不少教师却认为：评价就是考试，是对学生学习结果的评定；纸笔考试才是公平的，非纸笔测评、综合素质评价不够客观；运用考试分数及其排名来督促学生，虽不被允许，却合情合理；统一考试是提高质量的有效办法，月考、周考虽不被允许，但很管用。评价改革之难，难在这些错误认识顽固，难在技术方法有待突破。评价改革正是"偏向虎山行"的事业，实践中有"荆棘"，但我们必须直面并努力克服。

当前基础教育学生评价中的主要问题可以概括为"四个过度"，其具体表现如下。

（一）过度重视结果评价，强化了功利导向

因为考试分数易于横向比较，所以行政系统习惯采用"经济模式"的教育质量管理机制，将学业考试成绩视同教育的 GDP，以升学率作为教育业绩考核的核心指标，来管理和评价学校的办学绩效。在这样的大背景下，一些学校不计成本、不择手段，忽视学生长远发展地提高学生考试分数，在不少地区已是"公开

的秘密"。

过度重视结果评价却忽略改进过程的重要性，是不科学的，也是不明智的。完整、有效的教育活动，须重视过程性评价的作用。教师要通过及时而有针对性的评价反馈，促进教育教学过程的良性进展。然而，在过度重视结果评价的当下，教师关于评价的观念与方法都有待突破。

（二）过度采用横向比较，挫伤了多数学生的积极性

教育评价通常有标准参照评价、常模参照评价和个体发展参照评价三种模式。标准参照评价是一种水平性评价，对照某一要求来评估学生是否达到标准。以听写为例，"你写对了几个？写错了几个？是否达到了要求？"就是一种标准参照评价。常模参照评价是一种选拔性评价，将学生置身于群体中，评估其相对位次。也以听写为例，"根据正确率排名，你处在第几名？"就是一种常模参照评价。个体发展参照评价则是发展性评价，将学生今天的表现与其过去相比较，评估他有无进步，如"与上一次比，你的正确率有提高吗？"。这三种评价模式适用于不同对象与场景，科学选择评价模式非常重要。

《基础教育课程改革纲要（试行）》强调要改变课程评价过分强调甄别与选拔的功能，发挥评价促进发展和改进实践的功能。教学评价应该强调其诊断与改进功能，但在学校一线，排名或变相排名的现象还是普遍存在。当前的学业评价活动过度采用选拔意义的常模参照评价模式，片面强化横向比较，对所有学生的各个学习阶段都采用"淘汰式"的评价策略。学习就像是连续进行的淘汰赛，越来越多的学生以失败的体验面对学习。

辩证地看，选拔意义的评价利弊并存。我们批评其弊端，并不是批评方法本身，而是批评其方法结果的滥用。单一强调纸笔测试成绩的横向比较，势必削弱对其他学习目标的要求。不同学生适合不同的评价模式，选拔性评价对于前30%的学生可能有激励作用，但对其他学生来说，重在纵向比较的发展性评价更为适宜。然而，目前很多学校无视学生基础，貌似公平地强化横向比较，打击了多数学生的学习积极性。特别是常模参照评价的过度运用，使一些学生焦虑严重，甚至丧失信心。

（三）过度依赖纸笔测试，导致应试训练的泛滥

新课程改革倡导评价内容的多元化和评价方式的多样化，但是这在多数地区尚未实现。学业评价方式简单化，过度依赖纸笔测试，导致以应试训练替代本质学习的"过度学习"现象相当泛滥。这种培养"会考试但不会学习"的学生的"过度学习"对学生的长远发展并无帮助。

我们知道，纸笔测试的评价技术存在一定的局限性。它只是成熟的"知识立意"测评，以考查学生对知识记忆与再现为主，而对本质理解的考查较少；以考查容易测查的外显知识为主，对重要的内隐知识考查不多；以考查具体的学科知识为主，对综合的、通用的学习能力的评价不多；以考查学生即时的学习效率为主，对学习的过程性体验不够重视，对与学习相关的其他因素，如兴趣、态度、毅力等，则更无从评价。

素养导向时代对教学评价提出了新要求：体现课程性质的学习需要实践性评价的支持。但是，因为评价技术的局限与功利导向的影响，学校教学往往只重视能够在纸笔测试中考查的内容，而忽略对学生能力的培养，忽略一些可能影响学生能力发展的隐性因素。

（四）过度强调"教考分离"，导致教师失去教学主动权

由于区域与学校的教学质量管理都过于依赖考试测验的分数，因而教师教学越来越被考试所"绑架"。被动地认识考试、应对考试的教师多，主动地驾驭评价、运用评价改善学习的教师少，再加上学校对于评价结果过度运用，考试频繁且命题尺度难以统一，使得教师的教、学生的学和考试之间的关系越来越脆弱，师生的教与学常常为考试所"振荡"。

现在的考试测验，往往关注学生哪些知识未掌握。因此，学生惯以防备的心态进行学习。而在"教考分离"，考试命题权被相对集中后，教师戒备心增强，能积极运用评价改善教学的教师更是凤毛麟角。在学校片面夸大一般测验的定量分析价值，夸大月考分数等的测量意义后，分数可能承载了其无法承载的经济价值。于是，分数成为刺激师生的"兴奋剂"，教师可能在学生学习并无改善的情况下，

不计成本、不论路径地尝试提高学生的考试分数。

2021 年 8 月教育部办公厅下发《关于加强义务教育学校考试管理的通知》，提出减少考试次数、提高命题质量、改进结果运用的要求，要"加强学生学习过程评价，鼓励实践性评价"。这对基层学校的管理层和教师提出了更高的要求。这些要求都与教师的评价能力密切相关，是校本研修工作的重点。

一是加强命题研究，落实"教学评一致"。管理者要指导教师分析与理解考试的导向与命题的意图，探索素养立意的试题命制，坚持"教学评一致"，让教师在自主命题实践中提高命题能力，开展基于实践任务的表现性测评研究与基于测评结果的学生诊断分析研究等。围绕这些研究的教师研修的有效开展，有赖于学生考评制度与教师评价制度的配套，需要管理者以安全、信任的环境背景支持教师的专业深入。

二是探索过程性评价，以评价促进学习。管理者在学生考评与教师评价中都要通过"改进结果评价"来为教师松绑，争取"强化过程评价"的空间。评价是教师促进学生学习的重要方法。管理者要组织教师研究总结融于教学过程的评价智慧，学习并探索表现性评价、实践性评价、协商式评价等，注重对学习过程的观察、记录与分析，通过对过程性评价的深入拓展，进一步探索以"发展性"为核心理念的学习评价改革。

二、研究与实施过程性评价

评价改革是课程改革的"焦点战役"。要将新课程的评价理念转化为操作性实践，学校必须建立学科学习能力的过程性评价体系。它是嵌于课堂与日常学习生活中的，伴随学生学习成长全过程的评价。

过程性评价的价值主要体现在四个方面：一是淡化横向比较，彰显评价的诊断改进功能；二是注重实践性评价、表现性评价，突破常规考试难以描述的，却是关于学生成长中的核心素养与关键能力的评价问题；三是关注学生学习过程表现与能力进步的过程，使评价成为教师促进学生有效学习的方法，体现教师的实践智慧；四是从学生个体发展的角度评价学生，通过各种形式的成长记录激励学生——只要学生在进步，我们就要给掌声。

（一）推行旨在诊断改进的学科分项等级评价

评价改革的突破点在于变甄别比较为诊断改进。人们习惯以期末纸笔测试的总分来衡量学生的学业水平，但这一做法未必合理。一是纸笔测试更适用于对知识识记水平的考查，但对素养能力的考查相对困难，命题技术有待突破；二是小学阶段学生的考试分数并不能反映其学业水平，特别是中低年级学生的认知能力的真实水平尚无法通过测试结果准确刻画；三是将纸笔测试各部分得分汇总起来的做法也不科学，在合计的过程中可能模糊甚至掩盖了对真实学情的诊断。

分项等级评价是遵照学科课程标准要求，通过对基于学科关键能力（素养）与过程表现的若干分项的等级评价，形成反映学生个体学科素养发展的更细致的画像和对学习进展的建设性诊断。在小学阶段，由它替代传统的百分制，实行"等级加评语"的评价方式，是破解"唯分数""唯升学"现象的有效策略，有助于淡化横向比较，关注个体差异，帮助学生在原有基础上争取发展。各分项的评价应来自体现学科性质的多种评价方式，来自对学生学习过程的观察、记录与分析，以更为细致地诊断学情与指导学生。

案例 4-1

学科分项等级评价：为了判断，还是为了诊断

新课程改革推广等级制评价方法，但很多地区仍然沿用分数制，或是在等级制框架下行分数制之实。大家信奉高度抽象的分数，无非是为了便于判断孰优孰劣。然而，对后续教育教学真正有价值的是诊断，而非判断。

在一次孩子转学考试的现场，我发现了学科能力分项等级评价的案例。当时考试刚结束，教师要进行面批和情况反馈。我发现试卷上并没有惯常的分数汇总，各大题、小题也没有赋分，只是试卷上方有一张短表（见下页表），教师在表格的各个项目下标注"优""良"等级。

项目	基本概念	基本计算	数学应用
评价			

教师先叫过去一个女孩，分析说："你很认真仔细，'基本计算'做得很好，全对，优秀。但是，你的'基本概念'掌握得不够好，有些概念还没有完全弄懂。这次的'数学应用'，你也是'良'，有些联系实际的题目你容易错，下阶段你应在灵活性上下功夫……"

随后，教师叫过去我的孩子，摊开试卷分析说："你是一个聪明的孩子，但是你很马虎。瞧这几处'基本计算'的错误就很不应该……。你的知识面很广，许多老师没教的内容，你都已有所了解。这次'基本概念'的'良'，主要是因为你对于一些一知半解的知识想在试卷上露一手，结果反倒错了。别的同学很容易出错的应用题，你答得很好。你的数学感挺强，也很有潜力，但如果马虎粗心的毛病不克服的话，再聪明都难以考出好成绩。"

对于两位同是"两良一优"的学生，传统的评价方法只能得出分数相同的结论。教师的建议可能也不过是笼统的"要抓紧、要努力"。但是，采用分项等级评价后，教师竟然能提出这么多有建设性的意见。

许多教师觉得分数比等级能更准确、清楚地描述学生的学习水平，殊不知我们平时的试卷并没有达到测量学业进步的标准。选择题与填空题的得分可以相加吗？各学科的分数可以相加吗？平时考试的难度稳定吗？试题中能排除偶然性因素吗？以测验来发现学生哪些知识掌握得好，哪些知识掌握得不好，是可以的；但以被高度抽象化的分数为依据来评判学生，其实是对评价的简单化处理，有失公允。它忽略了分数背后学科能力的多元性，更重要的是忘掉了评价的真正目的。

在实践中我们发现，采用分项等级制呈现考试结果，能帮助学生更好地诊断自己的弱项，有针对性地达成目标。但分项评价不能仅是纸笔测试中的题型分类，更要是对纸笔测试难以刻画的其他学科核心能力的评价。譬如，听、说、读、写都是语言学科的核心能力，但目前的纸笔测试只重视阅读和写作，若能增设听力、会话、课外阅读、综合学习等评价分项，教师就可以引导学生更全面而深刻地学习。

建立学科学习能力的分项过程性评价体系，既是对评价内容多元化的尝试，也是评价方式多样化的体现。其实践策略主要有：第一，评价项目不必太多，要有明确的评价目的与目标能力。目标能力的发展序列和分类维度应相对统一。必要时，评价者可以设计整合多项目标能力的评价项目。第二，评价体系应以实践能力评价为主，与纸笔测试的目标互补。实践能力评价有两个维度：一是听、说、观察、操作等较为单一的技能；二是信息分析、科学探究、社会实践等综合性的能力。第三，评价目的是以过程促进提高，不必太拘泥于公正与量化。评价者可以为学生提供多次机会，让学生的通常表现与最佳表现都有机会呈现。第四，评价项目操作应简单易行，尽可能以有主题的表现性任务的形式出现。第五，评价活动要渗透于教学过程中，与正常的教学活动相结合。

对于过程性评价、分项等级评价的探索将促使评价功能更好地回归到诊断、改进与激励上来；不过，其技术突破点应聚焦在对表现性评价的应用上，以促进体现课程性质的实践测评的落地。

（二）应用表现性评价来推进体现课程性质的实践测评

在纸笔测试盛行的背景下，学生的学习有所异化。我们需要通过体现课程性质的实践测评来引导学科实践的开展，以基于真实情境任务的评价来引导对有意义的学习和问题解决的探究。

对学科实践测评的探索最早是从小学低段非纸笔测评、英语听说和科学实验考查等开始的，后来经推广发展成渗透于各学科的、体现课程性质的、展示性的、项目化的学习评价。表现性评价是其理论支持与技术突破点。表现性评价的最初意图是弥补标准化测验之"不能"，以作为传统纸笔测试的补充。今天来看，它已成为过程性评价的基础方法。

对于一线教师来说，表现性评价是"一扇新打开的窗"。它要求学生去创造一个答案或成品来展示他们的知识或技能，在真实的情境中表现其所知与所能。[1] 它利用综合的实践作业去评价学生的内容知识与程序知识，以及学生运用这些知识

---

[1] 李坤崇. 多元化教学评量 [M]. 台北：心理出版社，1999.

进行论证或解决问题的能力。① 它是在尽量合乎真实的情境中，运用评分工具对学生完成复杂任务的过程表现或结果做出判断的一种教育方法。② 它强调学生的主体性、评价的实践性，从素养测评的角度，关注学生面对真实情境的实践任务时，多维度的知识与能力的综合表现，而不满足于对事实性知识的再现。

基于小学生的年龄特点，小学低段不宜以纸笔测试实施评价，小学全学段也不能只以纸笔测试为评价方法。学习与应用表现性评价理论来指导实践，是提高教师评价素养的校本研修的重要主题。

案例 4-2

应用表现性评价促进学生问题解决能力提升的探索
——一次"做中学"的校本研修

针对学生解决实际问题能力较为薄弱的现状，杭州市丁荷中学准备在八年级策划专题学习活动。如何引导学生提高这一面向真实实践的能力呢？学校拟引入表现性评价来促进学生素养提升。整项工作从校本研修开始。

（一）先行理论学习

学校以备课组为单位，采用集中学习与分组研修相结合的方式，组织教师阅读相关文献资料、学习表现性评价的定义、阅读其他学校的实践案例等，帮助教师储备了一定的理论知识。

（二）提出活动规划

核心组研讨后决定以八年级的长乐综合实践活动为真实情境，在活动中挖掘各学科与之相关联的要素，设计学科实践项目，并应用表现性评价来促进学生提升问题解决能力。各备课组在研制与实施项目及评价的过程中学习表现性评价。

（三）分组研制方案

表现性评价一般包括三个要素：学习目标、表现性任务、评分规则。各备课组从学科素养目标出发，确定学习目标，围绕目标设计与情境相关联的任务，并

---

① HARMON M，ZUZOVSKY R. Introduction [J]. Studies in Educational Evaluation，1999，25（3）：173-178.

② 周文叶 . 中小学表现性评价的理论与技术 [M]. 上海：华东师范大学出版社，2014.

拟定评分规则。在初期的方案中，数学组、社会组将任务确定为"定向越野"，语文组方案为"少年演说家"，科学组方案为"径山茶的'前世今生'——探究茶多酚浸出含量的影响因素"，英语组方案为"茶文化推广大使招募令"。

（四）合议完善方案

在初步拟订方案后，校长与各学科骨干教师也加入八年级备课组的集中讨论，先由各备课组长分别展示方案，再由大家商榷方案可行性并提出问题和完善意见。例如：数学组与社会组"撞衫"，定向越野测评的指标更符合哪个学科的核心素养？语文组的演讲活动能否达到全员参与？科学组的评分规则有没有突显学科特质？……

本次研讨后，各组再次修改方案。数学组将任务更换为"奇妙的扎染"，考查学生对轴对称图形、函数图象等的掌握能力；语文组将任务更换为"寻找身边的文化遗产——宣传短片拍摄"，既能检测个人的脚本撰写能力，也能在视频制作过程中考查团队合作能力；科学组完善了测评量表（见下表），使之贯穿于整个任务的前、中、后期，关注学生的思维过程，使学生思维轨迹可视化。

"径山茶的'前世今生'——探究茶多酚浸出含量的影响因素"测评量表

测评维度	优秀	良好	合格	不合格
前期调研（40分）	□（20分）能从三个角度准确描述径山茶的历史背景（例如：径山茶的种植历史、种植范围、口感特点等）	□（16分）能从两个角度描述径山茶的历史背景	□（12分）能从一个角度描述径山茶的历史背景	□（8分）不能准确描述径山茶的历史背景
	□（20分）能从三个角度准确描述径山茶的种植环境（例如：土壤种类、气候条件、生长采摘时间等）	□（16分）能从两个角度描述径山茶的种植环境	□（12分）能从一个角度描述径山茶的种植环境	□（8分）不能准确描述径山茶的种植环境
实验设计的完整性（40分）	□（40分）能通过实验探究找出影响径山茶的茶多酚浸出含量的三个因素	□（30分）能通过实验探究找出影响径山茶的茶多酚浸出含量的两个因素	□（20分）能通过实验探究找出影响径山茶的茶多酚浸出含量的一个因素	□（10分）不能通过实验探究找出影响径山茶的茶多酚浸出含量的因素

续表

测评维度	优秀	良好	合格	不合格
实验操作的规范性（20分）	□（20分）能规范地按照实验方案进行探究并能正确使用茶多酚检测试剂	□（16分）实验中存在一处实验操作错误（例如：未控制变量、茶多酚检测试剂使用错误等）	□（12分）实验中存在两处实验操作错误	□（8分）实验中存在至少三处实验操作错误
实验结论的科学性（20分）	□（20分）能规范地按照实验结果得出准确的实验结论并提供相应的品鉴建议	□（16分）能较好地得出实验结论并提供相应的品鉴建议	□（12分）能得出实验结论	□（8分）不能得出实验结论
后期宣传（40分）	□（20分）能从至少三个方面完整设计径山茶的品鉴说明书[例如：历史介绍、种植和加工方式介绍、最佳的品鉴方法（包括最佳的浸泡水温、浸泡时间等）等]	□（16分）能从两个方面设计径山茶的品鉴说明书	□（12分）能从一个方面设计径山茶的品鉴说明书	□（8分）不能完成径山茶的品鉴说明书的设计
	□（20分）广告语设计简洁明了，具有感染力，富有创造力	□（16分）广告语设计简洁明了，具有感染力	□（12分）广告语设计简洁明了	□（8分）不能完成广告语的设计
总成绩				

（五）实践与反思

在八年级长乐实践周后，各备课组观察学生表现，反思评价任务的设计，重新归纳表现维度，修订评分规则；同时，分析测评数据，总结实践经验，致力于完善真正能提高学生问题解决能力的测评方案。

传统纸笔测试往往采用闭卷形式，以记忆再现的程序评估学习绩效；而在表现性评价中，教师公开标准，开卷考查，以明示的学习目标来引导学习进程，鼓励学生努力去达成学习目标，从而实现"教学评一致"的原则。就像试卷是一种评价工具一样，表现性评价也是一种"任务＋量规"的评价工具。

表现性评价的意义在于引导教师对学生学习的关注点从识记的结果转向思维与理解的状态，转向学生的学习过程表现，融评价于教与学中，防止教师"过度强调教授那些能轻易测验的技能和知识的现象"[①]。嵌于教与学的具体过程中的表现性评价工具，需要任课教师结合学习任务一并设计。教师如何学习和理解表现性评价的意义、原理与方法，并应用于实践中，以评价来促进学习，是当前提高教师评价素养的校本研修的重要主题。

（三）应用评价检核表更细致地关注学习过程表现

随着表现性评价的应用与发展，过程性评价的分析视野越来越广泛，越来越细致。教师在进行课堂学习评价时，可以利用简明的评价检核表明确学习任务的关键成分与表现进阶，关注学生学习进步的细节。表 4-1 为小学数学教学中应用的一例判断式检核表。它适用于概念和技巧方法的学习。学生在自测中，只要在"是"或"否"栏下打钩，就能便捷地明白哪些方面需要重新学习，而教师只要浏览一下就能明白哪些部分需要进一步讲解。

表 4-1　创编加法应用题并用不同方式解答的课堂检核表

	是	否
我已创编完成一道加法应用题		
我已标明此题中的条件和需要解决的问题		
我已标明解决问题的方法		
我的估算是精确的		
我已用各种加法方式得出正确答案		
我已清楚且合乎逻辑地解释了我的思考过程		
我已用一个完整的句子回答了问题		
下一步需要改进的地方：		

检核表是一种有效的课堂学习评价工具，它将越来越多地出现在中小学课堂中。教师要理解这种评价工具的意义，学会设计与应用检核表。它既包含学习评价的要点，又是对学习要求的说明。它有利于帮助师生整体把握学习任务的要点，便于理解、记忆与操作，同时又能支持学生进行自我评价。

过程性评价不能只关注学生学科能力的发展，还要关注学生学习过程中的态度与表现。表 4-2 是关于学生学习态度的自我设问检核表。它提供了分项分析的框架与简明量表，可以作为学习指导的提纲。在学习活动开启前，它对学生有很好的提醒作用；在学生完成学习活动后，它也可以促使学生做进一步的反思。学生在进行自我评定、形成分项等级描述的过程中，可以迅速明确改进的切入点。它意在通过确立一种标准，促进标准转化为学生的某种意识和习惯，提高学生的自我管理与监控能力。

表 4-2　关于学生学习态度的自我设问检核表 [①]

类别	具体表现	等级	改进措施
责任心	——对自己的行为负责 ——诚实、率真 ——管理好学习用具 ——老师和同学发言时注意倾听 ——按时完成作业 ——遵守学校和教室的规则		
组织能力	——良好归置学习用具以确保随时开始新的学习任务 ——有计划、有程序地完成学习任务 ——分清主次，合理管理时间 ——利用资源（图书馆，网络，家长、老师、同学等）完成学习任务		
主动性	——愿意尝试新的学习活动 ——对新的学习环境充满信心 ——寻求额外的学习时间和机会		
自我约束力	——建立学习目标并努力完成 ——老师在与不在时表现一致 ——遇到困难不轻易放弃		

等级：E（优秀）——总是体现；G（良好）——经常体现；S（满意）——有时体现；N（待改进）——偶尔体现。

① 　陈晓晶，张丰 . Success Criteria：学生主导的学习任务评估 [J]. 基础教育课程，2016（1）：85.

检核表其实是表现性评价的一种简化形式。它使学生更多的学习与成长表现被纳入过程性评价的视野中。与其说过程性评价是一种评价，倒不如说它是一种教育措施、教育方法。过程性评价的精神就是将评价融入教育，让评价成为教育活动的有机组成部分，启发教师在实践中的评价智慧。

（四）通过协商式评价启发学生的自我评价

推进过程性评价，就是要引导教师重视日常教学中评价意义的指导与指导意义的评价，融评价与学习于一体，让评价成为促进学生有效学习与健康成长的方法。学生真正的成长体现为其自我评价意识的觉醒与成熟。衡量教师是否遵循促进学习的评价原则，主要看他是否在帮助学生理解学习目标，进行自我评价，审视自我发展，探讨自我发展。[①]

协商式评价是近年来新涌现的实践方向。教师应注重评价中的对话协商，发挥学习过程评价在及时诊断、针对性指导与正面激励上的作用，启发学生的自我教育能力与成长内驱力。协商式评价从以往教师掌握答案，考查学生是否知晓，转变为师生协商创建评价标准，有助于唤醒学生的自我评价意识，促进学生更深刻地理解学习目标，使评价成为学生学习的"导航"。

案例 4-3

一封书信的成功标准[②]

加拿大四年级社会课程标准要求学生了解本国各省份的基本地理信息；语文课程标准写作部分要求学生巩固写信技巧，而阅读部分要求学生掌握信息类文章的阅读方法。师生们用了一个多月的时间完成了整个单元的阅读。最后，教师给学生布置了一个学习任务：假设你是某省的大使，写一封信给你的亲朋好友，介绍你所代表的省份。

---

① STIGGINS R J. 促进学习的学生参与式课堂评价：第四版 [M]. 国家基础教育课程改革"促进教师发展与学生成长的评价研究"项目组，译. 北京：中国轻工业出版社，2005.
② 案例引自：陈晓晶，张丰. Success Criteria：学生主导的学习任务评估 [J]. 基础教育课程，2016（1）：83-84. 有改动。

为确保学生能够成功完成任务，教师没有让学生马上启动写作，而是在行动之前，师生们一起头脑风暴，协商创建了此项任务的成功标准。

（一）头脑风暴思考收集观点

教师提问："怎样才是一封成功地介绍某一省份的书信呢？"学生们七嘴八舌，提出了不少建议。教师将这些建议罗列在白板上。

学生们展开思考，踊跃发言时，教师很高兴地记录着，也不做评价；后半段，教师还参与讨论，根据实际补充了一个要点。最终，成功标准的初稿形成。

头脑风暴后的成功标准初稿

怎样才是一封成功地介绍某省份的书信？
• 书信体裁特征（日期、称呼、结束语、签名） • 所选省份的地理位置 • 所选省份的天气 • 用自己的语言，而非复制、粘贴 • 正确的拼写 • 所选省份的人口 • 正确的标点符号 • 所选省份的自然资源 • 运用多种句型 • 运用地图和图片 • 正确的语法 • 人类活动对所选省份自然环境的影响（教师补充）

（二）汇总分类

头脑风暴后，教师请学生反思检查刚才提出的要点，并尝试进行分类汇总，加上分类编码（用 L 标示书信体裁特征；用 I 标示所选省份信息；用 W 标示词汇语法；用 T 标示写作技巧），以便更好地理解并记住这些要点。

汇总分类后的成功标准修改稿

怎样才是一封成功地介绍某省份的书信?
L——书信体裁特征（日期、称呼、结束语、签名）
I——所选省份的地理位置
I——所选省份的天气
T——用自己的语言，而非复制、粘贴
W——正确的拼写
I——所选省份的人口
W——正确的标点符号
I——所选省份的自然资源
T——运用多种句型
T——运用地图和图片
W——正确的语法
I——人类活动对所选省份自然环境的影响

（三）誊写公布

在成功标准基本成形后，学生们仍觉得不够清晰。于是，教师与学生一起，又将集体创作的成功标准整理誊写到大纸上，张贴于教室的墙上，供学生随时利用。

誊写公布的成功标准定稿

评价维度	具体表现
• 书信体裁特征	• 日期 • 称呼 • 结束语 • 签名
• 所选省份信息	• 地理位置 • 天气 • 人口 • 自然资源 • 人类活动对自然环境的影响
• 写作技巧	• 运用多种结构的句子 • 运用连接词保持段落连贯（后来补充的） • 运用自己的语言使读者听到你的声音 • 运用地图和图片

续表

评价维度	具体表现
• 词汇语法	• 正确的拼写 • 正确的语法 • 正确的标点 • 正确的大小写（后来补充的）

完成成功标准的创建后，教师让学生分别写信，然后和同伴交换，依照墙上的成功标准评阅伙伴的作品，再集体讨论……

在案例4-3中，教师让学生独立写信前，增加了师生协商创建评价标准的环节。其实，形成标准的环节是更好地学习写信的过程。这份共同创建的关于书信的"成功标准"是促进学生学习与思考的工具，而不是评定学生最终成绩的手段。学生们经历了标准创建的过程，就能更深刻地理解其中的含义。有了学生的参与与思考，"成功标准"才从掌控评价权威的教师易主给学生。从而，学生对自己创建的评价标准有了责任感和主人翁精神，于是在学习中主动应用，得心应手。

把学习评价权还给学生，将评价融于学习过程是重要的"学习中心"的教学策略。它培养了学生对学习的自我评价能力，积极调动学生的主动性，将测试转变成一种学习方式，并促使学生为自己的学习负责。

《深化新时代教育评价改革总体方案》指出，要完善学习过程评价与考试结果评价有机结合的学业考评制度。今天倡导的学习过程评价，包括了中考之外的纸笔测试，更兼容了许多非纸笔的实践测评。它们以表现性评价为主要测评机制，采用多维度的量规和SOLO（structure of the observed learning outcome）分层评分等方法，让一纸试卷变身为学习导引，进而推动纸笔测评技术的迭代升级。这正是改进结果评价，强化过程评价，完善综合评价的探索。教师应先理解表现性评价的理念与方法，再将其结合到传统纸笔测试的改进实践中。

不管是伴随在学习过程中的表现性评价，还是阶段性的纸笔测试，都要让学生内心拥有向上的力量，让所有学生在校园里找到自信，让学生和教师知道努力的着力点。

三、提高教师命题能力的校本研修

尽管纸笔测试对学生学业的评价存在一定的局限性，但纸笔测试仍然是当前应用最广泛的学业评价方法。要转变学习方式、促进深度学习，我们须从改进教学测验入手。如何建立命题规范、发展命题技术，让考试测验更为科学，更好地体现评价的导向作用，是基础教育评价研究的重点课题。我们认为，提高教师的命题能力是提高其教学把握能力的基础。不会命题的教师，很难成为真正意义上的好教师。因此，帮助教师研究考试，提高考试命题能力，实在是"一箭双雕"的教师研修主题。

（一）学会解读考试的教学导向

人们常说"考试是教学的'指挥棒'"，但因为考试的特殊性，它往往以沉默的方式"指挥"教学。于是，教师们在关于教学导向的半信半疑的猜测中，悄悄按下"题海训练"的"快进键"。其实，教师的命题研究要从学会正确解读考试的教学导向开始，在将试题"翻译"成教学要求的过程中，教师能得到准确的教学指导信息，同时也能体会与理解学习评价的命题技术。

案例 4-4

关于创新题教学导向的分析工具

每次中考、高考后，都会有大量关于创新题的议论。尽管创新题很可能是今后的教学导向，但多数教师却倾向于对此持否定的意见，因为人们习惯于维护原来的稳态。为了引导教师积极地面对创新题，帮助教师读懂创新题的教学导向，某校策划了主题为"素养导向试题的案例研究"的校本研修活动。

教研组长在当年中考试卷中选择了四道体现素养导向的、有代表性的创新题，会前印发给大家。活动第一个环节，教研组组织教师一起按照"测验点"、"命题意图"、"创新点"（测验与众不同之处的赏析）、"教学导向"、"延伸思考"五个步骤，就第一题进行分析，帮助大家熟悉这个分析框架（见下表），并要求每人都要表明对该创新题的创新点的态度（欣赏、接受或反对）。

关于创新题教学导向的分析工具

①测验点	③创新点	⑤延伸思考 体会素养导向试题的特征
②命题意图	④教学导向	对创新点的态度： A. 欣赏；B. 接受；C. 反对

第二个环节，教研组请教师独立思考 15 分钟，应用这一工具分析另外三道题的教学导向。第三个环节，教研组按照题目将教师分成三个讨论组，兼听欣赏与反对意见，汇总大家的分析，形成对三道题的分析汇报。第四个环节，大家进行大会交流。在每道题的分析小结时，发言人须尝试概括总结素养导向试题的特征。通过对三道创新题的解剖分析，教师对素养导向试题有了初步的画像。

正确地解读试题中的教学导向，应成为学校校本研修的常见活动。如果教师错误解读导向，就会导致教学的南辕北辙。"题海训练"泛滥的背后，往往就是教师对考试的误读。分析试题中的教学导向，须从命题意图分析入手，再探讨正确学习的路径。除了上述示例引路、独立思考、分组讨论的研修方式外，学校还可以让教师像学生一样先体验考试，再反思命题的技术（详见案例 5-1）。

（二）经历规范的命题流程

由于强调"教考分离"与校（班）际比较，区域（学校）统考或购买试卷是学校考试的常态，大多数教师没有命题的经历。即便有命题的任务，教师也多以下载、剪贴的方式完成组卷。这一局面必须尽快得到扭转，以使更多的教师经历作业设计与命题，了解命题流程与规范。

教师命题之前应先了解测验的原理及其局限。纸笔测试通常可分成选择反应题（如选择题、是非题与匹配题）与建构反应题（如填空题、简答题、论述题）两大类题型。前者只要求学生做出选择判断，评分简便，但编制起来相对困难；

后者要求学生以文字来回应，评分相对困难，但编制起来相对容易。总体来说，这些形式的题目基本能够快速地评价学生对特定的事实信息、基本概念与技能的掌握情况，但对于评价学生真正理解了什么、运用已学知识能做什么、能否将所学知识应用到现实的情境和问题中来，这些传统的评价形式还有很大局限性。

命题的第一步是形成试卷的结构规划。命题者依据课程标准以及试卷题型结构，编制双向细目表，初步明确不同知识点的认知要求和在试卷中的布局，相当于形成命题"蓝图"。在命制"素养立意"的测验试卷时，命题者要弱化知识点覆盖的要求，关注学生运用知识办事的能力以及其中反映的思维。

命题的第二步是试题的初步命制。命题者将试卷规划落实到试题上，先要选择适合的素材，再进行情境与任务的设计，然后完成试题的初步表述，包括图表与参考答案的设计。命题者应按照"基于课标、能力立意，易而不死、活而不难"的原则来研制试题，可通过题目卡片的形式将每道试题及其取材来源、命制意图、预估难度"建立档案"，同时就原创题、改编题或陈题沿用做好备注。

命题的第三步是试题打磨。命题者要从科学性、导向性、适切性等角度进行试题推敲，检视任务设计及表述与教学内容的一致性，不能存在政治性与科学性错误。试题应体现"降低过度学习"的导向，避免"死抓滥练"的不当教学方式得益，符合大多数学生的学习水平以及对该试题的难度预期。在确定任务设计后，命题者要通过调整表述与设置"台阶"等方式，把握难度系数。对于建构反应题，命题者还要重点打磨参考答案与评分方法，鼓励开放题采用SOLO分层评分法。

命题的第四步是组合成卷。试题好比"零件"，需要最后再按"蓝图"组装在一起成为试卷。在整合组卷的过程中，命题者要对命题意图进行整体把握，注意试题之间的配合以及难度结构，必要时还要进行测验目标与任务设计的调整与完善。在最后定稿前，命题者还要精益求精地对图文表述与呈现方式再进行一遍"吹毛求疵"。

完成试卷定稿后，命题者还应对整卷所表达的教学导向做自我小结，并在测试后对命题意图的实现情况逐题进行反思分析。我们倡导突出"命题意图"与"试后反思"两个环节，促进教师在命题过程中关于试题立意、取材、表述、评分设计和学生诊断等方面的思考，由点及面地生成与积累命题策略。

（三）在自主命题实践中提高教师命题能力

一线教师对教学测验的研究目的与教研员不同，他们更多的是想要从命题研究中，提高自己的命题能力以及运用评价改进教与学的能力。教师的命题能力不是在听讲座的过程中进步的，而是要"在游泳中学会游泳"，要在自主命题的实践中才能有效提高。

然而，由于对"教考分离"的错误推崇，以及区域性统考的强势控制，今天的一线教师普遍缺少命题的实践经验，他们始终处于被评价的地位，因而便失去了教学自主权，徘徊在盲目迎合的教学状态中。所以，当前迫切需要的是重建校内考试管理制度，还考试权于学校，减少考试次数，提高测验质量，改进结果分析，同时探索基于教师自主命题的校本研修。

案例 4-5

一次基于自主命题的校本研修

针对教师缺少命题锻炼、教学状态被动等问题，某校决定期中考试由任课教师自主命题，并策划了一次基于自主命题的校本研修。

（一）活动目的

（1）让教师在命题过程中钻研课程标准，对整个学期的知识与能力目标进行梳理和分类，以提高对教学内容的把握能力。

（2）将教学进度安排的主动权还给教师，让教师适当放开手脚，大胆实施教学改革，并通过考试，更好地落实教师平时的一些针对性要求。

（3）让教师经历较为规范的命题过程，了解并掌握命题技术与命题规范，并通过命题反思，提高命题能力、组织复习的能力以及编制作业的水平。

（4）让教师在面向自己学生的命题锻炼中，更准确地把握学情，提高对试卷难度的控制能力，帮助教师将教学质量分析、试卷评析和反思作为工作习惯坚持下去。

（二）活动策划

9月最后一周，学校组织教师学习会暨期中考试自主命题动员会，邀请专家就新课程评价理念的改变以及试卷命制的规范、程序与技术对教师们进行辅导。会上，校长宣布本学期各班各科的期中考试试卷均由任课教师自己命制，但要求教师按规范命题，并做好命题过程的记录与研究，保留命题意图与全卷策划的设想。具体要求如下：

（1）以各学科课程标准为命题依据，明确考试范围。要对考试范围内的知识点进行梳理，从"了解与识记""分析与理解""运用与评价"三方面进行罗列记录，并列表向学生公布，以作为学生的复习依据。

（2）根据知识点和题型分布规划好试卷，按规范完成试卷结构规划、考查细目分解、素材选择加工、成题推敲组合、难度总体控制等，并逐题记录命题意图、试题来源和预估难度，以备试后分析。

（3）使用"复制""改编""原创"等用语标明试题来源。要求每份试卷至少有三分之一的原创题，复制题不得多于四分之一（以题量计数）。

（4）在基本保持原题型的基础上，要根据学科特点尝试设计一些体现新课程理念、重在考查学生能力的试题。

11月上旬期中考试，各任课教师在阅卷后，及时对学生答卷情况进行全面分析。一方面，基于学情诊断探讨后续教学建议；另一方面，将试后实测难度与原先的预估难度进行对比，分析本次命题的成功之处与不足之处，检核命题意图的实现情况。

11月中旬，学校召开备课组命题反思会。组织者先将平行班的试卷隐去班级与命题人，复印后人手一套，大家在匿名状态下研讨命题得失。教师们先是比较分析哪份试卷的结构规划更合理，再是讨论同一知识点在不同试卷中的考查设计，以及同一试题为何会有不同的评分设计。大家共同评议哪些是精彩题、哪些是不当题，共同讨论整体把握的经验与方法，共同研讨测验中发现的教学问题与对策。由于都是教师们自己命制的试卷，大家的考试分析特别认真、特别详尽。

这是让教师在自主命题的实践中，研究命题，进而研究教学改进的研修策划。其意义是还评价权于教师，从而打开研究的新天地。教师在亲自命题的过程中，将辅导培训得来的间接经验运用于真实实践中，又收获了一些直接经验。由于强调命题过程的记录和命题意图的试后检视，教师始终处于研究的状态。备课组命题反思会将整个活动推到了高潮。在匿名状态下研究评论大家命制的试卷，教师学习借鉴的积极性被很好地调动起来。在这一经历真实情境的研究过程中总结的策略，一定是活的经验。

我们要推广基于自主命题的校本研修，在组织教师学习命题规范、命题方法，钻研学习目标与学习进展的表现的同时，增加教师自主命题的锻炼机会，提高教师根据学科特点与教学需要设计评价工具的能力，特别是日常测验的命题能力，引导教师科学运用评价促进学生学习。还要将技术培训与命题实践相结合，将单元检测的命题权交还给任课教师，策划关于命题研究的校本研修，让教师在学习、实战和研究中不断提高命题能力，同时提高教学把握能力。

（四）重视开放题及其评分规则的研究

近年来，随着国际学生评估项目（PISA）的引入，关于测验命题技术的研究有了新视野。考试测验正在从知识性测验转向基于标准的学能测验，从"知识立意"走向"能力立意""素养导向"。这对命题研究提出了更高的要求。试卷命题要坚持"易而不死"和"活而不难"，重在考查学生的思维水平，在真实情境与完整任务中考查学生解决问题的能力。

"对选择题和简答题的滥用以及对复杂任务的疏忽，阻碍了我们对学生优异表现和积极参与的追求。"[①]我们倡导在考试测验中增加开放性思考的问题，但教师们对主观性较强的问题把握起来较为困难，目前在开放题评分中常用的采点计分方式将思维层面的考查目标降维到记忆层面，助长了碎片化的思维和迎合性的学习，限制了学生整体的和有意义的思考，对日常教学的消极导向作用较大。

在开放题的研制过程中，教师须重视对评分规则的科学设计，其中包含评分标准与评分方式。教师可以借鉴 SOLO 理论，探索分层评分，开展多维度的思维分析，以替代以往统一答案的采点比对。这一技术近年来已有所突破。教师要学习并实践开放题的新评价思路，以引导学习走出死记硬背的"沼泽"。

---

① WIGGINS G. 教育性评价 [M]. 国家基础教育课程改革 "促进教师发展与学生成长的评价研究" 项目组，译 . 北京：中国轻工业出版社，2005：101.

案例 4-6

假如你是杜鲁门——开放题的分维度评分

以二战后期美国总统杜鲁门下令在日本投掷两颗原子弹这一事件为题材，命题者可以命出立意截然不同的评价任务。

任务一：（填空）_____年_____月_____日，_____下令在_____投掷了_____颗原子弹，其历史意义是_____。

任务二：（论述）假如你是杜鲁门，你是否会下令在日本的广岛与长崎投掷原子弹？请说明理由。

任务一与任务二的命制思路截然不同。任务一考查的是学生对该事件史实的记忆；任务二考查的是学生对整个历史事件的基本认识与综合分析能力。这是一对典型的客观题与主观题。虽然任务二的立意与导向明显优于任务一，但从评分的难度看，任务一更简单，更容易被采纳。

教研组可以组织教师先独立思考，再合议讨论评分规则的设计。下表是从思维的合理性、多向性、逻辑性、创新性等多个维度评价学生思维水平以及对基本史实的了解情况的一例评分规则。

维度	维度说明	评价等级
史实了解情况	是否了解当时的基本史实	
思维的合理性	决策与理由陈述是否能自圆其说	
思维的多向性	陈述理由有无从多个角度展开	
思维的逻辑性	陈述理由的各个角度在分类逻辑上是否合理	
思维的创新性	陈述理由有无个人独到见解	
语言文字表述	语言是否优美流畅、对读者友好；有无错别字	

四、学会分析与应用评价结果

在教学过程管理中，科学地分析与应用评价结果非常重要。但是，大家在评价结果应用上往往过度地进行评估与比较，而很少基于学生表现与数据分析，就改进测验与教学过程提出有效建议。

针对当前评价结果应用简单化、功利化，学生学业负担加剧，"唯分数"倾向严重等问题，教育部办公厅《关于加强义务教育学校考试管理的通知》要求义务教育阶段实行等级评价，淡化横向比较，考试结果不排名、不公布、不用来分班、排座位、"贴标签"，不与升学挂钩，同时对教师和学校如何科学分析考试结果、研判教学现状、加强研讨指导提出了要求。

据我们 2017 年进行的关于初中校内考试制度的在线问卷调查结果，有 47.3% 的教师一学期参加过 3 次或以上的试后分析与研讨，但是研讨"比较深入"和"不深入"的约各占一半。教学质量较好的学校更加强调校内考试自主命题，更加重视试后分析与教学研讨。他们在试后分析中选择的统计量更多，分析方法更多样，试后研究更深入。

（一）试后研究的要点

帮助教师正确认识与运用考试，是恢复考试评价本来意义的核心所在。教师开展试后研究有以下三个要点：

一是解读试题，把握规律。教师首先要认真研究同类试卷，把握整体趋势，由表及里地解析命题思路。试卷考到某些知识可能是必然的，因为关键知识要反复考；但考到另一些知识却可能是偶然的，偶然的背后可能隐藏着对某项能力要求的强调。在考试中，能力考查往往是有规律的。考试分析要善于透过知识考查，把握试卷对核心能力考查的主线。

二是了解学情，诊断得失。教师要从学生的答案中诊断分析学生学习中的问题（可以利用评卷机会来研究），为改进学生起始阶段的学习提供建议。学生的错误有偶然、必然之分，也有知识性错误、能力缺陷和不良习惯之分。教师要分类分析，准确归因，才能防微杜渐。

三是改进测验，体验命题。对于重大考试来说，最重要的阶段未必是毕业年级。学生在前面几年打下的基础和积累的学习能力可能起着决定性的作用。所以，改进平时测验的质量，做好学习过程中的导向与调舵十分重要。我们认为，考试研究的成果一定要转化为教师命题能力（包括作业设计能力）的提高。体验规范的命题过程是提高教师教学把握能力的重要过程。教师只有经历了试题创生的过程，才能透析试题表里的规律。

面对考试结果，我们不能失却清醒的判断，否则教育教学过程管理就会混乱。广大教师对考试结果的中肯分析与系统研究，其实是最现实的研修。其关键在于教师分析研究的导向是否正确。教师对考试的分析研究可以分为：对学生个体的研究、对某次考试的研究、对考试趋势与信息的研究。学校的责任是保持良性的政策环境，以有利于教师个体研究成果的共享；积极组织关于考试的团队研究，并将其成果及时转化为教师对命题意图的理解以及教师命题能力的提升。

（二）推广基于实证改进教学的校本研修

应用评价数据的统计分析指导和改进教学的做法已深入人心，指导教师掌握试后分析技术是今后校本研修的一个重点。很多学校已配备网络阅卷系统，借助技术手段推进基于数据分析的教学改进活动的条件已基本成熟。

学校要建立多维度分析教学情况的工作系统：一要看教师的教学情况，侧重于研究教师在各知识点教学中的表现，并从表现中发现教师的教学问题；二要看班级的教学情况，侧重于以授课班级为单位研究不同班级的教师组成对各教学点的影响，以及班级的文化建设、任课教师的个体素质和特征对所教学生的影响，从分析中发现教学规律。

学校要帮助教师建立起基于学情诊断的教学反思习惯。学生学情诊断与研究的重点主要在于学生个体对各知识点的掌握程度、具有不同学习特征的学生的成绩差异、影响学生知识习得的因素，以及对学生的优势、弱项的剖析与对策等。

我们要推广基于评价实证改进教学的校本研修。实证可从改进课程设置、改进教学内容、改进教学方法、改进学习方式、改进学生作业等方面分类。学校应探索实证的不同类型，帮助教师进行关于如何操作与如何改进的研讨，充分发挥评价的诊断与改进功能。

第 二 部 分

融于教改实践的教师发展

第五讲

研究学生：
校本研修的新聚焦

　　推进校本研修是对教育教学改革的基础性支持，而亲历教学改革实践也是一种深刻的教师研修。教师的学生意识与专业素养、执教能力一样，都是教师研修的重要目标。它具体反映在教师对"变革学教关系""教为学服务"等理念的理解上。教师要主动和自觉地站在学生立场思考教育教学问题，注重对学生的研究，注重对学习规律、学习设计与学习指导的研究。

本讲我们将开启一个新专题，从课堂教学改革的视角来谈教师如何研究学生、研究学习，并开展学习指导。当然这也可以看成是前面几讲的延续，因为课堂教学、学习指导与备课、作业、评价放在一起，刚好是学校"教学五认真"的五个方面。所以，本专题也可视为校本研修与落实教学常规相结合的最后一讲。不过，我更愿意将本专题作为以校本研修推进教育教学改革的讨论。

"研究学生"是我们在推进"学为中心"教学改革的进程中，逐步认识并加强的校本研修方向。深化教学改革呼唤教师的学生意识，希望更多的教师有站在学生立场思考问题的主动性与自觉性。

在本专题中，我们主要讨论以下四个问题：

第一个问题：为什么要将学生意识与专业素养、执教能力并列作为教师研修的三大目标？

第二个问题：如何理解"教为学服务"，从而帮助教师确立学生立场？

第三个问题：如何理解从"教学设计"走向"学习设计"的意义，从而引导教师研究学习规律与学习设计？

第四个问题：如何开展有效的校本研修，以提高教师的学习指导能力？

一、与教学改革紧密结合的校本研修

在实践中，我们深刻地体会到，校本研修必然要与教育教学改革相结合。教育教学改革的深化会对教师素养与教师研修提出新要求，校本研修其实是学校教育教学工作的"底座"，是对教育教学改革的基础性支持，任何工作的推进都要从提高教师的理解与实践能力起步。而亲历教育教学改革也是一种深刻而重要的教师研修。

（一）教师研修目标的发展

早期的教学研究，是从研究备课、研制教学资料开始的。课程标准研究、教材研究是教师提升专业素养的必修课，课堂研究是教师专业素养的进一步修炼。教师要对任教学科有深刻的理解和较好的学科功底，并具备专业思维，精熟学科知识及其应用。因此，教师研修一直很重视专业素养。

21 世纪之初，"聚焦课堂"的口号得到广泛的响应，引导教师关注课堂研究方法的校本研修被迅速推广。当然，课堂不是学习的唯一阵地。对于学生来说，合理而有效的作业、准确的学习诊断、针对性的学习指导、激励性的评价等都很重要，它们与课堂学习共同组成整体的学习系统。当时，我们提出"从聚焦课堂到关注教与学的全过程"的主张，倡导开展旨在帮助教师理解并落实教学常规的校本研修，把教师完成具体、多样、完整意义的教学任务的执教能力作为教师研修的又一重点。

不过，学习的成效最终要在学生身上实现。教师的教学努力必须通过学生的真实学习才能得以体现。因此，教师了解学生、尊重学生，并以学生为学习主体，是有效教学活动的基本条件，而这恰恰是被很多教师所忽略的。"重教轻学"是当前教育教学的问题症结所在。2011 年，随着"学为中心"教学改革在浙江的兴起，校本研修"聚焦课堂"的内涵逐渐转移到旨在转变学习方式的课堂教学改革上。在课堂教学活动从"教为中心"向"学为中心"的转变中，教师主动站在学生立场思考问题十分重要；帮助教师树立"学生意识"，认真研究学生，甚为关键。

学生意识与专业素养、执教能力一样，都是教师研修的重要目标。在 2012 年召开的浙江省第六届校本研修研讨会上，大会主题"研究学生：校本研修的新聚焦"得到基层学校的热烈响应。这是校本研修发展的新方向。要帮助广大教师确立学生立场，引导教师重视学生研究与学习研究，以推进"学为中心"教学改革，实现课堂教学转型。

（二）21 世纪教学改革的三个"浪潮"

21 世纪以来，推动课堂教学改革的努力一直没有停止过。回顾这二十余年来我国中小学课堂教学的改革与发展，我们可以看到有三个"浪潮"。

第一个"浪潮"以 21 世纪初的基础教育课程改革为代表。这次改革让"自主、合作、探究"的理念深入人心，越来越多的人开始认同转变学习方式的重要意义，但要根本改变实践还需一个不短的过程。

第二个"浪潮"以一批农村学校的变革性课堂实践为代表。这些自下而上的勇敢实践尽管也有偏激或机械之处，但参与这些实践的教师旗帜鲜明地主张"转变学教关系"，这是有积极启示意义的。此后，全国各地兴起了新一轮以"学为中心"为口号的课堂教学改革运动。我是 2009 年开始关注这一方向的，2011 年提出"任务中心课堂"的主张后，整体推动了以课堂变革为重点的浙江中小学教学改革。在这一强调学生立场、主张"教为学服务"的课堂实践中，如何促进学习是课堂教学的主线。陈佑清教授等人相对于"教授中心教学"，提出了"学习中心教学"的新定义。"学习中心教学"是指以学生能动、独立学习作为教学过程的本体或目的（即以学为中心），而将教师的教导当作教学过程的条件或手段（即教为学服务）的教学活动新形态。①

第三个"浪潮"有许多重要的前期铺垫。在教学改革初期，人们主要关注学科教学目标的达成；但随着实践的深入，一般教育目标与学科教育价值相结合、促进思维发展、唤醒主动成长逐渐成为教学改革的关键，德育目标融入教学改革，"立德树人根本任务"渐成共识。之后，核心素养的提出进一步明确了基础教育从"学科本位"走向"学生本位"的努力方向。2022 年颁布的新修订的义务教育课程方案与 16 个学科的课程标准是第三个"浪潮"涌来的标志，基础教育进入了素养导向学习的新时代。我们于 2016 年启动 STEM 教育项目，较早地开展了项目化学习的前瞻探索；于 2019 年以自己的方式重新定义了"学习"——学习是学生思维发展的过程，是学生自我教育能力形成的过程，是学生社会性成长的过程。②因而，我们得以毫无违和感地、以更宽阔的视野迎接深化教学改革的新时代。

（三）支持教育教学改革的校本研修

《义务教育课程方案（2022 年版）》提出了深化教学改革的方向："坚持素养导向""强化学科实践""推进综合学习""落实因材施教"。作为彰显"学生立场"的学习方式，项目化学习成为深化教学改革的重要实践之一，受到广泛的关注。如何帮助教师认识这一"新事物"，探索项目化学习的设计与实施呢？

---

① 陈佑清，陈红 . 学习中心教学：高质量育人的有效路径 [J]. 人民教育，2022（3/4）：83-85.
② 张丰 . 重新定义学习：项目化学习 15 例 [M]. 北京：教育科学出版社，2020.

我们以学校启动项目化学习探索初期，如何帮助教师理解并实践项目化学习的校本研修为例，说明以校本研修推动教育教学改革的"路线图"。

我们认为，在启动阶段，要通过校本研修帮助教师建立起关于项目化学习的理论储备，同时又要让教师有真实的项目化学习的体验经历。为此，我们策划了五个步骤的校本研修"路线图"（见图5-1）。

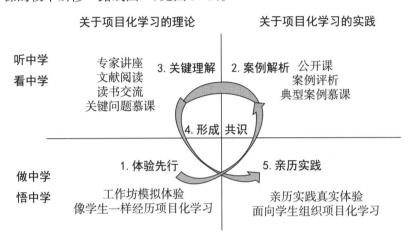

图5-1 以校本研修推进项目化学习的"路线图"

1. 体验先行：对学生学习现状与学习方式的反思

首先，要激发教师对当前学生学习现状和学习方式进行反思。这就要求教师"体验先行"。可以组织项目化学习工作坊，让教师像学生一样经历一次完整的项目体验与深度学习，从真实情景出发，分析问题，完成挑战，最后进行交流和评价。因为基于真实体验，教师们会快速理解项目化学习及其实施流程、关键要素，他们将表现出较大的参与热情和获得感，积极认同项目化学习在改变学教方式、促进主动学习方面的优势。要促进教师的现场思考，还可以进行角色设置，提供学习支架。教师可以是体验者身份，也可以是观察者身份，每种身份的思考角度是不一样的（详见案例5-3）。

2. 案例解析：基于实例理解项目化学习的实践要点

一线教师学习项目化学习，需要从具体到抽象，通过案例解析的方式来理解项目化学习的实践要点与意义。比如2020年9月，在浙江省教育厅教研室组织的项目化学习网络公开课活动中，我们先进行项目化学习的基本"科普"，让教师初步了解驱动性问题、表现性评价等关键概念；接下来鼓励教师自主观看网络公开课视频，捕捉分析驱动性问题等重要概念的要点与特征，比较项目化学习课堂与原来课堂的典型区别；然后围绕案例展开讨论或有所聚焦地讨论，帮助教师理解项目化学习的操作要素与育人价值等。

3. 关键理解：系统思考学习机制之变

在教师对项目化学习有了感性经验和基于实例的片断理解后，可以帮助他们通过文献阅读、专家讲座等形式，将原先已有的要点式的理解联点成线，系统思考项目化学习所带来的学习机制之变。浙江省教育厅教研室在 2020 年网络公开课资源的基础上，于 2021 年开发了项目化学习慕课，其中包含 3 个基于实践案例的慕课和 6 个聚焦关键问题的慕课，形成了从实践到理论的"阶梯式"学习资源。

4. 形成共识：基于共识的决策才能真正有行动

在以学校为单位推进改革实践时，必须重视形成共识的过程。例如，浙江省湖州市吴兴区妙西学校是一所规模较小的山区学校，该校欲以项目化学习作为教学改革的方向，但要下这个决心并不容易。于是，我们让学校领导与中层干部一起，利用"决策 T 图"，组织了一次参与式研讨，分析学校推进项目化学习的有利条件与困难问题，打消疑虑，达成共识，这成为以项目化学习改变乡村学校的一个典型案例（详见案例 6-8）。

5. 亲历实践："下水"做项目是最好的校本研修

"做中学"是最有效的研修方式。经过前期的研修，教师对项目化学习的认知已基本完整，对实践要点也基本有数。这时，要尊重并赋权教师，让他们及时"下水"，面向学生组织真实的项目化学习。在项目启动阶段，可以通过招募志愿教师、干部身先士卒等方式，让改革有安全感；拉长评价周期，调整评价导向，让教师及时、持续地体会成长，感受改革的内驱力；将理论与经验转化为建议，回馈指导教师，提高教师的实践力；唤醒建设性的教学过程管理，定期与实验教师互动沟通，指导提升教师的研究力。

近年来项目化学习实践之所以很受欢迎，是因为它帮助学生打开了"认识学习之门"。在项目化学习中，因为教师真诚的赋权，学生真的成为学习的主人。教师在学生学习过程中提供资源与支架，秉持学生立场，支持与促进学习的真实发生。

二、帮助教师确立学生立场

没有学生立场，立德树人便难以实现。要帮助教师确立学生立场，校本研修的实践切入点主要有三方面：一是通过情境或任务设置，让教师体验学生角色，以理解和认同学生立场的重要性；二是尝试班级协同教研，组织任教同一班级的教师一起就学生发展进行问诊与对策研讨，探索合作研究学生的工作机制；三是重视学情诊断，探索掌握研究学生的方法，了解如何观察与把握学生的学习特点与学习起点，以更好地从学生立场思考问题。

（一）体验学生立场

苏霍姆林斯基曾说过："只有那些始终不忘记自己也曾是一个孩子的人，才能成为真正的教师。"[①]巴班斯基在教学过程最优化理论中明确提出，经常地、全面地、系统地研究学生，是实现教学过程最优化的重要前提。然而，在追求教育规模效益的时期，班额扩大，上课开始像"广播"，对教法的研究明显多于对学法的研究，"重教轻学"成为这一阶段学校教育的特征。

因为教师不够重视学生立场、不够了解儿童思维的特点，有些学习障碍便被放大。小学数学特级教师俞正强老师曾介绍过一个真实的研究案例。教师问："老师的一厘米和孩子们的一厘米，一样长吗？"有学生回答："老师的更长。"许多教师无法理解学生这一错误回答的背后原因。站在教者的立场，这是不应该的荒谬结论。但当教师换位思考，从学生的视角来探讨时，他们会恍然发现，这是受到了儿童固有的思维特点的影响。儿童思维往往是直观的、经验性的，他们可能会认为"整体变大了，局部也会变大"。于是，俞老师所在学校的校本研修主题便是"识童性，研师性"，要求教师认真研究学生的思维特点，谨防来自自有立场的武断判断与固有经验的干扰。这是"学为中心"的基础。

---

①　肖甦.苏霍姆林斯基教育智慧格言［M］.北京：人民教育出版社，2014：26.

怎样才能让教师体会到学生立场的重要性呢？学校可以让教师客串学生角色，重新经历一周的学生作业，或像学生一样参加考试，再或者以学生的身份再次体验课堂，然后阐述自己换位后的体会与反思。

案例 5-1

体验考试

当教师时间久了，就容易忘记自己曾经做过学生。要做一个好教师，就要能设身处地地理解学生。但是，这一要求说起来容易做起来难。某校组织了一次教师研修，活动包括四个环节，各一个多小时。

首先，组织者让教师像学生一样参加考试，完成一份学生试卷（体验学生角色）。在答卷的过程中，教师会产生许多学生立场的思考。

然后，组织者再发一遍空白卷，请教师再读试卷，分析各题的测验目标和命题意图（回到教师角色），为第二天的命题研究做铺垫。

第二天先是大家交叉阅卷。在根据参考答案阅卷的过程中，教师们会有许多别样的体会。特别在进行开放题评分时，因为事关自己的得分，教师的体验与反思会被强化。

阅卷完成后，大家趁热打铁反思研讨命题及评分标准。前一天的考试体验使教师更容易换位思考，从学生视角推敲命题与评分的合理性。

如果教师只是站在自己的角度思考命题、组织考试、批改试卷的话，可能会出现许多对学生未必有帮助的行为。教师像学生一样去经历考试之后，再来批改自己的试卷时，会因为两种角色的不同立场与逻辑而出现认知冲突，这就是学习研修的生发点、反思的激发点。特别是对于命题与批改的一些技术细节，说教的辅导不如这样别样的体验有效。学生立场的体验会对部分教师为师已久的麻木状态产生"刺激"。

（二）开展班级协同教研

《第 56 号教室的奇迹》的作者，美国小学教师雷夫先生曾在一次演讲中说：

"老师们，我们面对的是学生，而不是学科。"对于今天学校教育的现实，雷夫先生的话很有针对性。对学校教育质量的评价、对教师教学工作的评价、对学生学习的评价都呈现为若干学科成绩的集合的现象，强化了"学科本位"意识。

而且，以往的教研活动也多以学科为单位进行，参与教师通常是本学科的教师。尽管这样的学科教研活动在推动教师共享资源、分享经验、探讨疑难方面发挥了作用，但这也加强了教师的学科立场，削弱了他们对教育教学问题的综合思考。于是，大家渐渐习惯了以"下围棋"的手法来"争夺"学生的时间。

为了变"学科本位"为"学生本位"，促进学生健康和谐的发展，浙江省杭州市上城区探索了"班级协同教研"新模式，尝试由班主任牵头，任教同一班级的教师组成研究团队，策划开展"以学生为中心"的教研活动。他们以学生和班级发展中存在的问题、发展的需求与潜能为研究对象，以促进每一名学生和班级整体发展为目标展开研讨与行为跟进。

案例 5-2

如何激发"消极怠惰学生"的积极性

某校中有两种教研组形式，一种是原来的学科教研组，另一种是新成立的以班级为单位的新教研组。任教四（9）班的语文、数学、英语、科学、美术、体育等学科的9位教师组成"班级协同教研组"。他们共同的研究对象是四（9）班的学生们。因为各位教师都反映，有个别学生在多门学科学习中都有消极怠惰现象，学习参与不主动。于是协同教研组决定以"如何激发'消极怠惰学生'的积极性"为整个学期的研修主题。

在研究中，大家先分别报告自己对该班学生的观察分析，罗列本学科学习困难学生与消极怠惰学生的情况，将学生分成积极学习且学业合格的学生、积极学习但学习困难的学生、消极怠惰但学业尚可的学生、消极怠惰且学习困难的学生等四类。各学科教师一起进行学生消极学习情况的分类讨论与归因讨论，分析这些不爱参与学习活动的学生消极怠惰的原因，同时发现有些学生的学科兴趣具有选择性和个性化的特点。然后，教师一边观察与实践，一边基于分类讨论与学生特点分析，提出针对性的干预建议。各学科结合实际可有所差异地分头实施干预，以驱动班级中特别不爱参与学习活动的部分学生积极学习。经过连续一学期的研究与实践，这部分学生均有不同程度的进步。

在有主题的班级协同教研中，共同的班级、同样的研究对象成为教师们开展合作研究的"交集"。这也悄悄地引导教师将研究兴趣转向活生生的学生，从而更好地从整体上观察学生，从不同维度关注学生。

（三）重视学情诊断

美国教育心理学家奥苏贝尔曾说，如果要把全部教育心理学还原为一句原理的话，影响学习的重要因素是学生已经知道了什么，我们应该根据学生原有的知识状况进行教学。教师能否准确把握学生的学习特点与学习起点，将决定教学活动的针对性与有效性。所以，教师要有学生立场，重视学情诊断，掌握研究学生的方法，了解学生，为落实因材施教提供依据。

浙江省温州市教育教学研究院朱跃跃老师带领教师将"学情诊断"作为深化校本研修的重点方向。他们认为，广义的学情指的是一名学生能否在学校持续而有效学习的相关影响因素，如学生的家庭情况、情感特性、学习基础、认知特点、学习需求、学习习惯、学习环境等；狭义的学情指的是一名学生能否在具体课程或课堂中有效学习的相关影响因素，如学生已经知道了什么、学生还需要哪些帮助等。

教师要重视学情诊断，从经验性的学情了解向研究性的学情分析发展。经验性地了解学生表象的感受，并不能准确地分析和把握学生的真实状态。教师要运用一定的科学研究方法，观察与诊断学情，挖掘学生现状背后的成因，从而提出相应对策。常用的方法有：学业测验、问卷调查、观察分析、实验验证等。

学业测验和问卷调查比较适用于学前和学后的学情诊断。学前学情不仅要诊断学习起点、学习差异，还要诊断学习潜能、学习期待；学后学情主要是诊断学习结果和学习的可拓展点，不仅要了解学生已经知道了什么，还要了解教的效果和学生还需要我们教什么。观察分析适用于学习过程中的学情诊断，可以多角度了解、把握学生的思维状态、情绪状态、参与状态和交往状态，以确定学生需要我们怎么教。实验验证适用于对学生学习特点的诊断分析和对学习规律的研究。[①]

三、聚焦学习规律与学习设计研究

在以往的教学研究活动中，教师们往往注重"教"的方法，但今天我们必须重视"学"的规律，基于对"学生如何实现学习"的研究，在"如何促进学习"的话语逻辑下展开讨论。

（一）研究学生学习的规律

学生是如何实现学习的？这是教育工作者们必须思考的问题。众多课堂教学模式的背后，其实都有关于这一问题的不同假设。不过，学习规律是客观存在的，只是人们因立场或经历的不同，可能会对其有不同的理解和认识。

研究学习规律的切入点很多，如学习主动性与内驱力、学习的发生机制、学习中的思维过程、学习成果的长效性、学习方式的个体差异、具体课程的学习特点等。教师们应重视教学心理学的学习，关注国内外学习科学研究的最新进展，学会从学生学习方式的角度思考教学。

美国学者戴尔（E. Dale）提出的"学习金字塔"（cone of learning）理论就是学习规律研究的一例典型成果。他以语言学习为例，通过实验比较分析了采用不同的学习方式，学习者在两周以后还能记住的内容的多少（学习保持率）。研究发现：学习两个星期后，学习者听来的内容能够记住 5%；阅读获得的能够记住 10%；观看多媒体资料学来的能够记住 20%；观看现场演示学来的能够记住 30%；参与讨论学来的能够记住 50%；通过亲身体验，"做中学"来的能够记住 70%；学习后又转述讲解过的能够记住 90%。这一研究有两点启示：一是真正有效的学习应该是基于理解且能保持的学习，延时评价比即时评价更可信；二是要促进有效学习，教学者必须要有对学习者学习方式的策划。

深化教学改革的重点在于转变学生的学习方式。这并不是由此及彼的教学模

---

① 朱跃跃，张作仁.学情研究：走进学生学习的真实世界 [M].上海：华东师范大学出版社，2016.

式更替，而是促进学生从以被动学习方式为主向以主动学习方式为主转变，从单调的"听讲操练"向多样的学习方式发展，从各学科划一的学习方式分化成体现课程性质的学习方式；同时克服"将一群学生视作一名学生来教"的弊习，关注学生的个体差异。深化教学改革，不仅要有学习方式的策划，还要研究了解学习认知规律。这包含关于学科本体性知识的研究，以及对学生理解和掌握该知识的思维过程的洞悉。前者属于学科专业素养的范畴，后者则是学生意识的体现。

当前，"国际上正倾向于用 learning 来表达 education 的真谛"[①]，以体现教育活动的"学习"本质。迅速发展的学习科学就聚焦对"学习"的研究，探索揭示学习发生的机制，以学习为出发点，指导学与教的设计。在对教法的研究多于对学法的研究的今天，我们要引导教师研究学生的特点与学习规律，开展"学习设计"研究，以更好地把握学习起点，选择学习方式，组织开展学习活动，构建起学生立场的教学与评价。

案例 5-3

体验 STEM 项目化学习中的多样学习方式

在推进 STEM 教育之初，我们策划了一次教师工作坊，让全体学员像学生一样经历一次完整的"过山车"项目。理解 STEM 项目化学习需要体验先行。大家从真实情境出发，在分析问题、完成挑战、进行交流和评价的过程中，认识了项目化学习的实施流程、关键要素，特别是对 STEM 项目中丰富多样的学习方式有了深刻的体会。

为引导学员更深入地参与项目，我们请 6 位学员担任观察员，其他学员 4 人一组体验项目，并为体验者与观察者设计了不同的研修工具（任务单）。"体验任务单"（见下页表）旨在帮助体验者形成对项目化学习的认知，关注项目化学习的要素、流程与学习方式。"观察任务单"旨在帮助观察者从旁观者的角度描述项目核心任务，记录典型的学习方式及体验者的表现，也记录组织者的组织与指导策略。

---

① 曾文婕，黄甫全. 课程改革与研究的新动向：彰显学习为本 [J]. 课程·教材·教法，2013, 33（7）: 3.

项目化学习工作坊中的"体验任务单"

体验者	同组成员	
1. 我在项目中的角色是什么？		
2. 我经历的印象深刻的学习方式有哪些？	（从学习者的角度，选择至少三种自己印象深刻的学习方式，描述其特征与要点，评估其效果，并分析可能的影响因素）	
3. 项目化学习有哪些环节？其中哪些较难处理？		
4. 在项目中，我最愿意参与哪些活动？为什么？		
5. 通过项目化学习，我的学习增量有哪些？		
6. 我对于开展项目化学习还有哪些疑惑？	（依据个人实际情况填写）	

这是一个重视真实参与的研修策划，也是一种建设性的研修过程管理。研修巧妙设计了体验者与观察者两种角色，利用他们思考视角的差异，使最后的分享讨论更加丰富多元。研修工具的设计也是亮点。"体验任务单"与"观察任务单"促使学员有方向地深入思考，使大家的学习收获有所聚焦，更加具体化，便于交流。特别是任务单引导学员对多样学习方式进行捕捉与观察，突出对特征、要点、效果评估、影响因素四方面的记录与分析，抓住了学习方式研究的要点，保证了研究思考的基本质量。任务单还要求记录至少三种印象深刻的学习方式，这就促使学员进行特征分类，同时形成类比思考。

（二）从"教学设计"走向"学习设计"

2012 年，针对教师在备课中重视课堂台词准备、忽略学生学习活动策划的"只备教不备学"的现象，我提出"学习设计"一词，试图以"学习设计"的概念，引导教师从"备教"转向"备学"，将学生学习活动或学习任务的设计作为教师课堂准备的核心，让教学活动回归到"促进学习"的主旨上。加涅等人曾说，"教学设计必须以帮助学习过程而不是教学过程为目的"[①]，说的正是这个道理。

---

① 加涅，韦杰，戈勒斯，等 . 教学设计原理：第五版 [M]. 王小明，庞维国、陈保华，等译 . 上海：华东师范大学出版社，2007：4.

教学活动是一个整体系统，教师与学生在其中都应有所作为。今天强调的"教为学服务"，要求教师须以"学"为出发点，为学生的有效学习组织资源，设计课堂学习。我们定义的"学习设计"就是指教师基于学生立场，指向学习目标，设计学习任务，并对教师的支持性行为与促进性行为进行构思的过程。[①]它是教师促进学生有效学习的一种行为，也是教师的一种专业实践活动。

传统的"教学设计"较多关注对"教"的设计，学生往往处于从动地位。我们试图以"学习设计"替代"教学设计"，以体现对"学"的关注，体现促进学习的研究立场。之所以要走向"学习设计"，一是强调学生立场，始终将学生的"学"放在第一位；二是重视对承载学习内容的学习资源与体现学习方式的学习任务的设计，这是学习内容的组织与呈现方式的体现；三是强调学习活动设计先于教学过程设计，须以学生学习活动为主线，辅以教学指导；四是强调教师的"教"其实是运用学习设计，组织学生开展学习的过程。

我们认为，教师在课堂中最重要的任务不是讲课，而是组织学习；但在学生学习进展的关键处或有困难处，教师应适时予以指导与帮助。这便构成教师在课堂中的两类行为：一是支持性行为，指教师创设情境、组织学生学习的具体措施；二是促进性行为，指教师对学生学习进展的相机指导，具体包括团体指导、个别指导等多种形式。

学习设计是教师课前准备的关键，但教师还需对如何运用学习设计促进学习有所构思。这相当于"教"的设计。也许理想的教学设计就是今天我们所定义的"学习设计"，但现实中多数教师所实践的教学设计仅仅表现为"教"的设计，而忽略了以学定教的原则。这正是提出"学习设计"的意义。

提出学习设计，并不是摒弃传统的教学设计，而是从学习活动本质的角度深化对教学设计的认识，纠正忽略学习者立场的单一的"教"的设计，引导教师从重视"教"的设计向重视"学"的设计转变。突出学习设计，意在调整人们对于学教关系的理解，进而将"教"视作学习设计的运用之法。

---

① 张丰，方凌雁，何丽红. 促进学习的真实发生 [M]. 杭州：浙江教育出版社，2021.

我在《聚焦任务的学习设计——作业改革新视角》一书中，构建了聚焦任务的学习设计模型，探讨了学习的发生机制以及学习任务、教学过程的设计方法，特别聚焦在任务所体现的学习方式的特点以及具体学习任务在学习中的功能等问题上。我们希望能帮助教师形成"学为中心"的备课新范式，同时循序渐进地促进教师学习设计能力的发展。

案例 5-4

美国课堂中的"学案"

在美国考察时，我曾在一节"德国史"的课堂上，看到教师在放映一部经过剪辑的纪录片。影片的主线是从 1945 年二战结束至 1989 年"柏林墙"倒塌期间发生在德国或与德国有关的重要事件。教师和学生们一边看着电影，一边在纸上做些记录。教师偶尔会穿插一个问题，或是一点解释，学生们也会简单地讨论几句。

我坐在一位男生的边上，趁他在看电影，把他的三张记录纸借来一看，明白了教师的意图。第一张纸是让学生开放性地记录电影中的事件以及主要信息。第二张纸是让学生在一个时间轴上整理这些关键事件，让条条记录转化为点点坐标。学生首先将联邦德国与民主德国的相关事件分列在轴的相应时间点的上、下方，再将美、英等国的对德主张与政策发展整理在这张图的上方，将苏联对德政策的变化整理在这张图的下方，以梳理近半个世纪中德国的变迁与不同国家对德外交的发展的线索与逻辑。第三张纸上印有若干政治家的演讲词，在每段演讲词下方，教师设问：这是谁的演讲？什么时候发表的？他为什么这样说？这一演讲的意义是什么？……

这是一个体现"学习设计"的案例，也是我在异国发现的一例"学案"。在这个课堂中，我们没有听到教师的娓娓相授，没有看到师生精彩跌宕的追问与对话，看到的只是他们默默地观看、记录、整理和间或讨论。教师课堂言语的占时可能连 10% 都未必有。学生的学习是怎样发生的呢？教师又是怎样支持和促进学生有效学习的呢？其实，这位教师的功夫并不全在课堂上，而主要体现在课前的构思与准备上。

这位历史教师的课前备课内容主要包含两个方面：一是纪录片的剪辑（学习资源），二是三张"学案"的设计（学习任务）。高明的教师往往以聚焦核心知识与方法的、简明的学习设计来促成本质意义的学习的发生。也许，这位教师并没有把具体的历史事件作为必需的学习目标，而把观看、记录、思考、整理的过程所带给学生的历史观与方法论的影响视作第一学习目标。

在这节课随堂进行的三个学习任务中，第一个任务是一个记录型任务，锻炼学生获取关键信息的能力；第二个任务是一个整理型任务，在围绕时间轴梳理信息的过程中，学生的"时空观念"渐渐形成；第三个任务是一个综合阐述型任务，学生要在了解基本史实、时代背景、政治家立场的基础上，分析阐述这些演讲的意义。这样的"资源＋任务"模式正是学习设计的基础形态，它体现了素养导向时代的学习新样态。

四、提高教师的学习指导能力

授人以"鱼"，不如授人以"渔"。学会学习已经成为教学活动的核心目标之一。2016 年，核心素养研究课题组公布了《中国学生发展核心素养》总体框架，将"学会学习"列为核心素养的六大方面之一，它主要指学生在学习意识形成、学习方式方法选择、学习进程评估调控等方面的综合表现。[①]

尽管儿童天生就是学习者，但他们要想更有效地学习却需要后天的教育培养。学习指导是学校教育的关键任务，是提高教学质量的核心路径。然而，它却是当前课程改革的短板，是"教学五认真"中最容易被忽略的，也是最缺少章法的。无论是教师对学习指导的认识，还是教师开展学习指导的能力，都还很不理想。但在深化教学改革，必须加强学生研究、学习研究的今天，如何提高教师的学习指导能力无疑是校本研修的重要主题。

李如密教授曾就学习指导的基本模式做过综述。他根据学生学会学习的路径

---

① 核心素养研究课题组 . 中国学生发展核心素养 [J]. 中国教育学刊，2016（10）：1–3.

与教师的指导方式，将之分成四种类型八种模式。[①] 我对这八种模式的特点也做过比较分析。[②] 在学校中，最常见的是以标准规范引导学生习惯养成的"规程模式"。它通过明示对学习方法与习惯的要求，促成自我教育机制来实现学习指导。不过，帮助学生学会学习，只有明示的要求还不够，还需要有计划、有目的的师生活动来落实。近年来，有些学校开设了拓展性课程进行专题辅导。这种"课程模式"不能只是方法指导的讲座，而应以贴近实际的参与性活动，帮助学生端正对学习活动的理解，系统提升其学习能力。另外，学习指导的常见模式还有结合在日常学科教学中的"渗透模式"和针对学生个体的学习问题开展专题咨询指导的"诊疗模式"等。从实践看，无论是渗透式的指导还是专题化的指导，其效益发挥的关键不在于路径而在于教师。

教师的学习指导能力主要反映在四个方面：一是能否帮助学生掌握各主要学习环节的方法；二是能否引导学生理解各学科的学习特点；三是能否关注学生的学习体验和学习品质，提高学生对学习活动的自我判断和调控能力，培养学生持之以恒的学习意志；四是面对学有余力学生和学习困难学生，能否有针对性地开展指导。

（一）通用学习方法的指导

指导学生学会学习是学校教学的重要目标。学校中所有教师、所有课程都应承担指导学生学会学习的任务，具体可分为通用性指导与学科性指导两类。

通用性指导主要是帮助学生了解学习规律，掌握主要学习环节的要求与方法，并从激发兴趣动机、增强学习自信与意志、提高学生策略水平和自我管理能力等角度培养学生的学习品质。它主要由年级组组织，由班主任以及心理健康专任教师等负责。其内容通常是制定学生学习常规，开设学习指导课程，引导学生掌握预习、上课、做作业、记笔记、复习整理的方法，培养学生良好的学习习惯，等等。

---

① 李如密.学习指导的基本模式及其发展趋势 [J].中国教育学刊，2001（3）：29-32，54.
② 张丰.荆棘之行：基层教育研究十年笔记 [M].杭州：浙江大学出版社，2008：147-148.

学科性指导主要是引导学生理解各学科的学习特点，掌握不同学科的学习方法，并在日常教学活动中注重对学生学习现状的及时诊断与针对性指导。它主要由任课教师完成。

教师一般对学科性指导比较重视，却相对忽略通用性指导。所以，我们强调教师都应有习惯培养的意识，从各学习环节入手，促进学生自主学习体系的形成。

案例 5-5

学习指导课程的内容规划与辅导设计 ①

针对普遍存在的学生学习习惯、学习方法和学习心理问题，浙江省台州市部分义务教育学校于 2005 年开设学习指导课程，以专题辅导活动结合学科教学渗透等途径，帮助学生克服因学习不得法或学习心理困扰导致的学习困难，让学生正确理解学习，掌握科学的学习方法，形成良好的学习习惯和学习调控能力。

（一）如何针对阶段特点规划内容主题

面向五、六年级的课程主题分别是"关注学习习惯""走向聪明的台阶"，重点帮助学生养成学习习惯，掌握各学习环节要求，培养自制力；面向七、八年级的课程主题分别是"新环境新调整""正视自己的积极人生"，重点帮助学生解决学习适应困难，进行学习态度与学习心理的指导，提高学生的应试能力与自我管理能力。

四个学年按照"每月一专题，解决一问题"的思路，每学年各安排八个专题。小学的辅导专题分为三类：（1）具体学习环节的操作性指导，包括课堂（观察、听讲、记录、提问、思考）、预习、作业、复习、测验等；（2）学习态度与自我管理，如自我评价与反思、时间管理、游玩活动管理等；（3）学习形式的拓展，如课外阅读、实践学习和综合性学习等。特别是关于课堂的五个专题，体现了小学学习指导的任务和特点。

初中的辅导专题也分为三类：（1）具体学习环节的操作性指导，包括计划、课堂、交流、预习、作业、复习、考试、试后分析等，比小学更强调自主学习、

---

① 案例引自：张丰.荆棘之行：基层教育研究十年笔记[M].杭州：浙江大学出版社，2008：151-159.有改动。

合作学习与反思；（2）学习特点的认识性指导，如了解各学科的特点、了解综合素质的要求、体验探究学习、掌握信息分析方法等；（3）学习心理的适应性指导，如对环境的适应、态度的积极或消极、面对压力的适应等。

（二）如何进行学习习惯与心理的辅导

学习指导的基本过程一般包括摆出问题、对照自己、教师指导、实践尝试、及时反思等。

第一步，让学生摆出问题。通过小学的"听听故事""出出点子"和初中的"成长的烦恼""真情QQ"等活动，以故事的形式呈现典型问题，让学生较为轻松地进入学习指导的某一专题。

第二步，让学生对照自己，联系实际"照照镜子"，分析自己在该方面的状态，进行自我评估，以在后续辅导时唤起学生的切身体会。

第三步，请教师指点。在学生发现自身问题后，教师进行简明扼要、通俗易懂、理例结合的针对性辅导（如小学的"问问老师"，初中的"老师引路"）。其辅导陈述不必全面完整，但要抓住关键，让学生愿意阅读并有所启发。

第四步，让学生实践尝试。学生要通过实践尝试将教师的辅导转化为行动。教师可以设计形式丰富的操作性作业（如小学的"跃跃欲试"，初中的"我行我悟"），让学生探索应用教师指导的方法，克服原来的不良习惯。

第五步，引导学生逐步建立及时反思、提醒和完善自己的习惯。

在辅导活动的基础上，教师还可通过自助阅读（如小学的"开开眼界"，初中的"资料链接"），让学生进一步理解与体悟学习的要义。

通用性指导课程一般以学生容易出现的问题为明线，以学生各方面学习能力的发展为暗线，暴露学生学习中的典型问题，在问题解决的讨论中提高学生的学习计划与执行能力、反思与调控能力。我们应按照螺旋式前进的原则，通过教师的分析辅导和参与性的应用实践，促使科学的学习方法转化为学生的自觉行为；坚持理例结合，避免概念化说教，而以真实生动的实例帮助学生明白道理，再让学生在实践活动中加以操练、领悟和内化；加强与学科学习的结合，联系学科、超越学科，增加在具体学科学习中应用学习方法的实践任务，促进学生学习方法的习得与学习效果的提升。

（二）认识学科学习特点

不同学科的学习有通用的规律，但也有不一样的特点。它们指向不同的学科思维，依托各具特点的学科实践。

在小学中低段，学科学习内容还比较简单，学习方式的变化也相对较少，学生对学习本身的思考还较为稚嫩。随着年级的提升，学科学习内容逐渐丰富，内在逻辑也逐渐复杂，学生如果继续按照原来对于学习的简单理解来进行学科学习，就会碰到一些困难。如果学生能了解学科的学习特点，学习方法更得当和灵活一点，困难或障碍就会少许多。

初一是一个重要的分化期。学科门类陡然增加，学科难度明显加大，学生的学习适应困难变得严重起来。这时候，针对学科学习特点的辅导显得尤其重要。教师要帮助学生认识学科的主要特点，把握学科学习的要点，为改进学习方法提供导向。高一也同样是学习分化的关键节点，学生迫切需要关于学科理解的点拨，以突破学习的困局。

如何辅导学生认识学科学习特点？简明的讲解与提示是必要的，但也不能只依靠说教方式。教师可以选择典型的、有一定结构性的作业、试题、学习任务，让学生分析与研讨；也可以提供反思性支架，先让学生独立思考体悟，再定期组织学生交流小结，总结学习的规律和有效的操作建议。教师要帮助学生跳出题海训练看问题，理解实践性学习、综合性学习、项目化学习的意义，以更主动的姿态面向更深刻的学习。

案例 5-6

学习进步的两种模式[①]

在对初中生进行学习指导的过程中，学生们反映语文学习与数学学习的方法差异很明显，套用另一学科的学习方法都会遭遇困难。于是，某校语文老师和数学老师决定一起坐下来，讨论明晰一下两个学科学习特点的差异，以更有效地指

---

① 案例引自：林志标.学会学习：初中上册 [M].杭州：浙江大学出版社，2006.有改动。

导帮助学生。教师们讨论后发现，不同学科的学习进步模式不完全相同，主要有两种模式。

一种是"链条式"进步模式：后续的进步须以前面知识的掌握为基础，要像"叠砖头"一样，一个环节一个环节地落实，才能保证最后的进步。数学学习是比较典型的"链条式"进步模式。学生要重视重要知识点的逐一落实，在"日日清""周周清"的自我学习管理下，会慢慢感觉自己数学学习入门了，而且越来越轻松。

另一种是"螺旋式"进步模式：学习要求的内容不是一次性出现的，而是在逐步提高要求的情况下反复出现的，就像加固螺丝一样，一层一层地转，一点一点地深入。初中阶段的语文学习就是比较典型的"螺旋式"进步模式。学习投入似乎不再像小学那样立竿见影，学生的进步要靠日积月累与变式运用。

不过，"链条式"进步与"螺旋式"进步并不是绝对对立的。有些学科的进步模式中既有"链条式"进步，又有"螺旋式"进步。最典型的就是英语，学生既要重视"日日清""周周清"，又要重视平时的反复接触、日积月累。

（三）关注学生学习品质

教师应关注学生的学习品质。学习品质是反映学生是否学会学习的重要标志。它主要体现在学习动力、学习习惯与学习策略等方面，并与学生的学习体验密切相关。

根据浙江省 2018 年小学教育质量监测的实证数据，学习品质是影响学生学业发展的一个重要的中介变量。教师的教学方式和师生的关系对学生学业发展的直接影响并不显著，但它们对学生学习品质的影响却是极其显著的，并通过对学习品质的影响而极其显著地影响学业成绩。要让教师的教学方式和师生的关系转化为学生成绩提升的推力，我们必须要借助学习品质提升这一"中间桥梁"。[1]因此，教师们不能简单功利地只盯着学业成绩，还必须重视学习品质的提升，这样学生才能有稳定与持续的学业进步。

如何指导学生学会学习，提升学生的学习品质？教师应深入透彻地理解学生学习品质的要点，从综合的高度认识素养导向时代的学习品质的要义。

---

[1] 李强. 小学生学习品质实证评价：基于浙江省 2018 年小学教育质量监测的数据分析 [J]. 考试研究，2019（6）：4-16.

第一，学会学习体现在学生的学习体验与态度上。例如：学生能否正确认识和理解学习的价值；是否具有积极的学习态度和浓厚的学习兴趣；面对困难有无信心与勇气去挑战克服；能否持之以恒地保持进取精神；等等。学生对学习的感受与体验，是学生学习态度的基础。

第二，学会学习体现在学生的学习习惯与方法上。例如：学生是否养成良好的学习习惯；是否掌握适合自身的学习策略；是否掌握自主学习的主要方法；是否具有终身学习的意识；等等。

第三，学会学习体现在学生对学习的自我管理上。例如：学生是否有对学习状态进行自我审视的意识和习惯；能否根据不同情境和自身实际，选择或调整学习策略和方法；能否正确认识与评估自己，依据自身个性和潜质选择适合的发展方向；能否合理分配和使用时间与精力；是否具有达成目标的持续行动力；等等。

第四，学会学习体现在学生对学习方式的体会与选择上。例如：学生能否体会到学习方式的差异与特点，选择适合自己及对应学习内容的学习方式；能否体会到学习活动中高阶学习与低阶学习的区别，有意识地促进更多关于高阶认知的学习；能否有意识地丰富自己的学习方式；等等。这是对学生"学会学习"的较高要求。

第五，学会学习体现在学生思维方法的进步上。这是我们期待的"学会学习"的深刻意义。例如：学生能否独立思考与判断；是否具有问题意识；能否多角度、辩证地分析问题；是否尊重事实和证据，有实证意识；等等。这其中既有一些通用的思维方法，也有一些体现学科本质的思维方法。[①]

案例 5-7

关于学生学习体验与自我学习管理的两个分析模型[②]

（一）学生学习体验

在一次面向六至八年级的学生开展的关于学习体验的调查中，我们将学生的

---

① 张丰."学会学习"的意与义 [M]// 杨九诠.学生发展核心素养三十人谈.上海：华东师范大学出版社，2017：102-108.

② 案例引自：张丰.关于初中生学习体验与学习状态的调查 [J].上海教育科研，2005（2）：46-47，50.有改动。

学习体验分为四种：

愉悦感——"因为学习有意义，所以我乐于学习"，学习动力源于内在激励。

成功感——"因为好成绩能得到表扬和奖励，所以我乐于学习"，学习动力源于积极的外在刺激。

焦虑感——"因为考砸会被批评与责骂，所以要抓紧学习"，学习动力源于消极的外在刺激。

厌倦感——"学习中已没有快乐，唯一的快乐就是逃避学习"。

调查发现，小学阶段大部分学生的学习体验是积极的（"愉悦感"或"成功感"），大家希望自己能努力取得成功。但是，进入初中后，学生的学习体验迅速消极化，选择"焦虑感"或"厌倦感"的学生从六年级的13.3%，到七年级的26.6%，再到八年级的46.5%。喧嚣的学业成绩竞争，掩盖着近半学生学习态度消极的现实。很多教师重视显性的学业成绩，忽略隐性的学习体验，这是不争的事实。所以，学校要注意遏制学生学习体验的消极化，重视从学习体验的角度促使学生保持较好的学习状态。

（二）对学习的自我管理

我们认为学生对学习的自我管理有四个要点，并据此将学生分成五类。

一是学生是否有对自己学习现状的判断力。现实中不乏对自己的学习状况还稀里糊涂的"莫名其妙型"学生。

二是学生是否了解克服自身学习困难的方法。有些学生了解自己的薄弱环节，但却不知道怎样改进，属于"茫然无措型"。

三是学生能否持之以恒地努力克服学习困难。这是指一些知道解决问题的办法的学习困难生，因为缺少意志力，而属于"虎头蛇尾型"。

四是学生能否根据实际适当调整学习策略与方法。依据这种基于学习反思的灵活性，我们可以将学生分为"死缠烂打型"与"游刃有余型"。

"判断力""对策方法""意志力""灵活性"等四个要点成为反映一个人的学习品质的关键。不同的学习困难生，其缺陷可能是不同的，但在日常教学中，教师往往缺少对这些方面的关注与针对性干预，所以许多教育措施事倍功半。随着年级的增高，学生自我调控能力的影响会越来越显著。所以，教师必须要重视学生的自我调控能力，抓住关键矛盾，应用心理辅导技术，促进学生对学习的自我管理。

（四）差异学生的指导策略

学习指导是面向全体学生落实因材施教的关键。教师应尊重学生个体差异，面向不同学生开展针对性指导，特别要掌握面对学习困难学生与学有余力学生的差异化的"培优补差"策略。

面对学习困难学生，教师应从学生课堂参与状态入手，认真分析其心理特点与学习缺陷。在诊断归因的基础上，教师要制订个别化的辅导方案，通过个别指导和同学互助等措施，帮助学生激发学习兴趣，纠正不良习惯，弥补知识缺陷。"补差"要对症下药，必须先解决影响学习意愿的动力问题，才有可能扭转学习困难学生的"颓势"。

面对学有余力学生，教师不能单纯增加教学内容与提高教学难度，而要为其设计循序渐进的自学任务，鼓励学生开展基于自主学习的超前学习；要多通过综合性、项目化的任务，让学生经历真实问题的解决过程，提高学生对知识的综合运用能力；要帮助学生超越应答思维，更多地经历阐述式学习，"把知道的东西说出来"，在经历多样学习方式的过程中，更深刻地理解学习；还要关注"尖子生"的心理教育，重视培养他们的自我认知能力和交流合作意识。

学习指导课程的真正目标是培养学生学习的自我管理能力，让学生从被动的学习者转型为自觉、自主、自立的，能够监控和管理自我的独立学习者。学习指导活动是学校提高教学质量的重要抓手，是体现"学为中心"、保护学生学习潜力、提高学生可持续发展能力的重要措施。我们不应把学习指导课程视为孤立的课程，而应让所有教师研读了解学习指导的要求，在同步进行的学科教学中体现正确的学习导向，渗透学习方法的指导。同时，教师要发挥学生之间的相互教育作用，引导学生逐渐建立及时反思的习惯，加强学生的自我教育。

第三部分

唤醒主体精神的教研策划

第六讲

教师研修活动的组织与策划

教师研修活动是教研、科研、培训的结合，是以研究为路径，促进教师专业发展的实践。我们倡导引入"策划"的思想，借用案例研究的方式来研究教师研修活动的组织与策划方法，从机制层面改进教师培训与教研活动，提高教师研修的有效性。

前面我们从教学常规的落实展开了五个专题，接下来我们一起讨论教师研修活动的组织与策划。

教师研修活动是提高教师专业水平，有针对性地解决教学中的实际问题，从而提高教学效果的有效手段。尽管在区域层面，可能存在教研、科研、培训的条块分工，但对于学校来说，应该"研修一体"，共同促进教师专业发展，支持教育教学改革。

教师研修确实很重要，但当前教师研修的有效性并不高。这不仅有组织、条件、投入、力量等方面的原因，还受到工作机制、策略方法等方面的制约。特别是关于如何组织研修活动的研究目前还较为缺乏，教师研修的改进空间还相当大。我们主张引入"策划"的思想，用研究的态度，借用案例研究的方式来思考和探索教师研修活动的改进策略，从机制层面提高教师研修的有效性。

"策划"原指一群有经验的人作为第三方为客户提供高质量活动组织方案的咨询服务。它包括方案拟制、创意设想、统筹沟通、成效跟踪以及方案迭代等方面，是关于如何更好地组织活动的专业性服务。不过，我们主张的"教师研修策划"不是购买第三方服务，而是要求活动组织者兼有策划的责任，要注重实践反思，主动总结经验，重视事前对活动方案的统筹设计与专业把握。

教师研修活动的组织策划是一门艺术，是一门关于实践的学问。在本专题中，我们主要讨论以下四个问题：

第一个问题：当前开展的教师研修活动中主要存在哪些问题？

第二个问题：有效的教师研修活动应该具备哪些特征？

第三个问题：如何策划教师研修活动？

第四个问题：如何撰写研修案例，推广研修案例研究？

一、教师研修活动的常见问题

教师研修是一种统称，旨在促进教师培训与教研活动的深度融合。但现实中，还是存在着不少未能将二者有效融合，而只是各自实践的问题。教师培训注重通过专家宣讲进行理念传达，而教研活动注重结合实践的同行研讨。它们都有具体的实践意义，但也存在一些机制性问题。

（一）重接受，轻参与，惯于单向授递

在教师培训和教研活动中，常是专家讲、教师记的"授递模式"。理论说教多，教师真实卷入少。这主要受制于教师培训的传统理念。有些领导还会嘱咐安排培训课程的教师，"请专家多讲点，讨论和工作坊少安排一些"，以为专家讲得越多，培训效果就越好。然而，教师是如何进行学习的？教师专业成长的真正需要是什么？这需要认真调研与思考一番。

学院派的培训强调教师知识更新，重视本体知识的传授，但实施中总觉得"所予"与"所需"配合困难。实践派的培训强调教师的教学方法与技能，重视基于情景的实践性知识的传授，但是实践性知识的学习途径并不是这种授递式的培训。教师需要真实经历与反思，才能将培训内容转化为教学能力。

（二）重展示，轻研究，缺乏问题意识

课堂教学展示是较常见的教研活动。组织者会约请优秀教师上公开课，展示教学风采。但在活动中，重展示、轻研究，重预设、轻生成是一种通病。大家往往热衷于赞赏展示课的精心设计与精彩把控，却很少会聚焦课堂现场暴露的某一问题，或针对临时生成的问题展开研讨，从而错失研究时机。

案例 6-1

一次"追求完美"却未必成功的教研活动

在一次校本研修研讨会上，东道主安排了一个教研现场观摩活动。活动分为三个环节：先是 A 老师上了一堂公开课，再是 A 老师说课与课后反思，最后是教研组老师评课研讨。

这是一堂通过探究活动帮助学生形成"集合的初步概念"的课。A 老师的教学设计很到位。她以非常优秀的控场能力和沉着耐心的节奏，让学生较为完整地经历了探究与生成的过程。课堂是真实自然的。唯一的遗憾是超时 15 分钟。作为公开课，如果因时间不够戛然而止，或是匆匆潦草而过，都是不可取的。A 老师

为了探究活动的完整性，从容地上完整堂课，听课教师并没有表现出对拖堂的不耐烦。

随后的课后反思一如平常，A 老师借助课件，很清楚地阐释了自己的教学设计。在她的反思中，这节课的几处小失误也都被她自己一一点到。她的清晰、条理与谦虚，让人无可挑剔。

接下来教研组讨论开始了。B 老师、C 老师相继发言，他们都分别提到 A 老师课中的某处设计，然后就此谈了自己的观点。每人的发言都相对完整，结合实例，有理有议。如果这是一次小学数学教学论坛的话，那二人的发言就无懈可击。但是作为课后讨论，这种"互不接拳"的各自观点展示并不是一种研究。

于是，我唐突地借 C 老师提出的问题"如何既让孩子充分探究，又能把握好课堂时间"打住了他们充分准备的发言。我请教师们一起研究 C 老师提出的这个颇为典型的问题。面对临时的问题，大家没有事先做过"较有质量"的准备，但 D 老师还是即兴回应了我的唐突介入，观点清楚，表达自然，甚至比充分准备的发言还要深刻。不过 D 老师在精彩回应 5 分钟后，话锋一转，回到了她事先准备的稿子。随后，教师们又继续进行彼此"心中有数"的分享……

人们习惯于展示自己完美的一面，但也正是因为这堂课事先磨得太"完美"了，以至于无法展开针对性的研讨，只得"太极式"地自发议论。这样的"完美"展示能给发言的伙伴带来什么？现场观摩的教师又能从中收获什么？

在这个"追求完美"却未必成功的教研活动中，也有很多启示。教研活动应该是大家"相互接拳"地就某一问题发表见解的过程。现场生成的常常是最有智慧的东西，但它必须是真实思想的交流，而不是充分准备的依次发言。特别是在课堂观摩后的讨论中，以"有备无虞"为借口，做一些事先准备好的评课发言就好像演唱会上的"假唱"。它不仅浪费了现场的问题时机，无视辛勤做课的教师的努力，更糟糕的是，它向教师们传递了"研究的形式主义"。

教研活动的真实价值在于现场生成，为研究提供实践参照。但也许是积习甚深的缘故，我们往往更注重"完美"的展示，在活动中出现因信心不足而照本宣科、因过度预设而回避生成等现象。这样的活动，消极影响更突出。

（三）重模仿，轻机制，忽视学理思考

当前的教师培训也在向教研活动靠近，组织者会约请以实践见长的教学能手来做辅导性讲座。但是教学能手会较多地展示成功经验，供其他教师模仿，却较少从学生学习机制与教师成长机制层面，引导学理思考。如果教师长期停留在知其然，却不知其所以然的模仿学习阶段，缺少超越个人经验、运用科研方法进行创新学习的锻炼，教师专业成长就会处于困局，难以进步。

所以，要鼓励教师重视学理思考，透过教学处理的细节讨论，思考教学行为背后的道理，促进教师学习理论并运用理论改进实践，开展基于学理的常态教学改进。这是教师专业发展的关键。

（四）重"输血"，轻"造血"，忽略主体成长

真正有效的教师研修，在于促进教师学会学习，唤醒教师的自我成长意识。但传统的教师研修往往是"输血"型的培训学习，对如何形成"造血"机制没有太多的思考，教师并没有成为研修活动的主体，而常常只是相关任务的配合者。

教师研修应激发教师的主体精神，着眼于教师的可持续发展，为不同层次的教师提供结构合理的知识资源，并促使教师学会教学（形成教学专长）、学会反思（获得可持续发展的本领）、学会积累（获得专业成长经验和个人教育智慧）。这是当前教师研修活动改进的关键所在。

二、有效教师研修活动的关键特征

有效性是组织策划教师研修活动最朴素的期待，但也是较高的要求。评价教师研修活动是否有效，重点看其是否具备以下几个关键特征。

（一）研修主题与形式的针对性

教师参加研修活动的目的是解决教学中遇到的问题与困惑。如果活动的组织者和参与者没有这样的意图与愿望，研修活动就会流于形式。因此，提高研修活

动的针对性十分重要。教师研修活动的针对性首先体现在要解决明确的问题。有效的活动必须有的放矢，组织者要准确把握教学改革背景，切中教育教学活动中的关键问题，明确试图通过活动解决什么问题。其次体现在要准确把握不同教师群体的需求。不同年龄、不同基础、不同学科背景、不同工作环境的教师在研修活动中的需求是不同的，教师研修活动在组织策划上须有"教师意识"。

任何一次教师研修活动，其实都有其时代背景与实践背景。我们要把握住背景中本质的一面，从而明确教师研修活动的意图、目标与主题。这是教师研修活动策划的要点。

案例 6-2

面对学生错误的方法与智慧

针对较为普遍的作业"有批改无分析"现象，某校数学教研组策划了一次教研活动，引导大家关注对学生作业错误的分析。

首先请两位教师（事先有准备的）分别讲述自己在批改作业的过程中，基于学生错误的分析而改进教学的故事（活动的引子）；然后请现场的其他教师即兴讲述自己的类似故事（一种热身）；在大家逐渐活跃起来后，主持人提供了一个学生答题错误的例子，让大家独立思考 15 分钟，各自将对学生思维过程与错误原因的分析以及教学启示写下来（这是要求人人参与的现场作业）；随后，与会教师分别发言并交流讨论，由记录员将大家发言中的关键词或要点写在一块白板上（旨在促进生成，为解决问题积累素材）；在热烈讨论结束之际，主持人根据白板上的记录进行活动小结，现场生成了分析学生错误的若干思路方法。

这是针对教师作业批改中的问题的校本研修策划。随着活动的进展，教师被步步卷入。在活动中，教师有多种参与方式，有热身式的参与，也有人人独立思考式的参与，还有互动讨论式的参与，不同的参与方式激活不同的思考，前一步参与又为下一步做好铺垫。在整个活动中，最重要的环节是人人参与的独立思考。也正是这一深度卷入，使最初所见问题的针对性，发展为最后解决问题的建设性。校本研修的最大价值不是别人指导帮助了我们，而是我们自己挑战突破了自己。

（二）活动过程的可参与性

有效的活动应该让参与者真正融入其中，而要让众多参与者都跟随组织者参与进来却并不容易。教师的学习往往需要任务驱动。因此，策划研修活动应善于设置让不同层次的教师都能思考或行动的参与点，并尽可能为大家提供及时交流分享的机会。在活动过程的可参与性方面，教研活动比教师培训更有优势。

此外，教师研修活动中平等、合作与分享的氛围也是影响参与效果的重要因素。这对组织者和参与者的角色定位都有相应的要求。教研活动不是组织者为参与者提供解决教学问题的参考答案的活动，而是组织者搭建平台、营造氛围，为参与者自己提出问题、分析问题和寻求问题解决提供专业支持的过程。活动组织者既要规划好活动的具体环节，也要把握好话语主动权的调控，以避免无价值的交流与参与。

在前面的很多研修活动案例中，都有关于可参与性的精心设计。特别是在案例6-2"面对学生错误的方法与智慧"中，组织者为大家策划了五种参与方式：先是两位事先有准备的教师讲故事（以听为第一种参与方式）；然后请现场的其他教师即兴讲述类似的故事（以热身的响应为第二种参与方式）；再请所有教师就一个学生答题错误的案例，独立思考15分钟，写下自己的思考（以独立思考为第三种参与方式）；随后交流发言（以阐述与对话为第四种参与方式）；最后听主持人的小结（再以听为第五种参与方式，但经历过独立思考和交流讨论后的"听"与起初的"听"，是不同的"听"）。

（三）活动过程的生成性

研修活动的策划，既要有充分的准备，又要尊重真实的生成。任何活动都要精心准备，但过度准备，墨守计划，把教学研修当作预设节目的流畅表演则是不提倡的。"预设"是为"生成"服务的。只有当研修活动能够起到激活"生成"的作用时，活动才是成功的。教师研修活动的创新，必须克服传统培训惯于单向授递的弊端，让活动过程中可参与性的机制优势充分发挥出来。其意义在于，它可能会产生超越预设的新的生成。这种生成，既有个体意义，也有共同意义。教师研修活动的有效性常常反映在对这种生成的敏感、驻留与利用上。

教师研修的目标达成没有明确的起点与终点，它是真实参与后的无形提升。研修活动中不必采用即时评价来观察和检测教师的进步，而是要鼓励大家真实投入，要相信大家对过程真实投入就必然会有真实回报。

（四）解决实际问题的建设性

针对性是一种预想，可参与性是一种可能，而解决具体问题的建设性是研修活动有效性的真正体现。前两者靠的是组织者的预设，而后者主要靠参与者的生成。不过，针对性与可参与性都是研修活动有建设性的重要基础。

教师研修的收获与成效主要反映在两个方面：一是认识上的进步，二是行为上的改进。我们常把研修比作教师成长与进步的"扶手"，而"进阶"的关键是在研修活动后教师是否能够形成有助于改进教学行为的理解与建议。如果研修活动中大家或人云亦云，或激烈争辩，却没有形成明确共识，之后的教学就还会是"原来的星星"和"原来的月亮"。研修活动的有效与否必须要看它对于实际问题的解决是否具有建设性。当然，研究共识不同于行政会议的"决议"，它不是狭义的大家共同接受的结论，更多时候它表现为大家对多种行为的具体分析。只有将研究共识转化为进一步的教学建议，转化为具体教学行为的改进，教师研修才能达到目的。也就是说，教师研修既要达成研究共识，也要关注行为跟进。

还是在案例6-2"面对学生错误的方法与智慧"中，主持人在教师讨论交流时，请一位教师担任记录员，将大家发言中的关键词或要点写在一块白板上；最后，主持人根据白板上的记录进行活动小结，概括分析学生错误的思路方法。这是针对教师在作业批改时缺乏错误原因分析能力的建设性讨论，是典型的体现解决问题的建设性的活动策划案例。

（五）研修主题的连续性与渐进性

试图通过一次活动就把问题解决掉是不切实际的。要达到更新教育观念、改进教学行为的目的，教师们需要坚持对某一主题进行多方位的持续研究。研修活动的过程是否能做到持续研究，这可能是决定研修是否有成效的关键。因此，成功的研修策划就要善于使研修活动的影响扩展到平时的工作实践中，将若干系列性与连续性的表面相异而实质相关的研修活动联系在一起。

对某一主题的连续研究，应该体现出达成共识与行为跟进的螺旋式进步。它可以是大主题下对小专题的深入"剥笋"，也可以是分工研究的共享交流。

案例 6-3

研究主题滚动深入的教研活动①

情境教学常能促使学生自主探究地学习，但不少教师却对情境创设有所误解，出现情境设计随意、应用过多过滥、脱离教学目的等误区。为此我们就如何优化情境教学，组织了系列研修活动。活动通过三个主题的课堂教学设计与观课分析的螺旋推进，促进大家对情境创设的方法与策略的理解。

第一次活动的主题是：情境创设的科学性、有效性。

在第一次课上，教师采用学生模拟表演形式，带领学生融入历史、体验历史。课堂上教师使用了大量的图片和实物情境，构思巧妙，极富创意，发挥了情境教学的优势，激发了学生的兴趣。但这堂课的个别情境与学生知识水平不符，没有产生预想效果。另外大量图片和材料一晃而过，利用率不高，有些资源浪费，也不利于教学目标的达成。于是，教师们开始策划第二次活动。

第二次活动的主题是：提高情境的利用率，情境创设要少而精。

在第二次课上，学生在情感体验中获得新知，学生直白的情感表露，推动课堂气氛进入一个又一个高潮，创设的每个情境都为学生的情感体验提供了氛围，使学生在获得新知的同时，能力有所提高，情感也有所升华。但这堂课也出现了新的问题，就是教师过于重视自己创设的情境而忽视了学生在课堂中生成的新问题、新情境。于是，第三次活动的构思又出来了。

第三次活动的主题是：处理课堂中情境的预设与生成问题。

在一个学期中，通过连续三次的、同一主题的、循序渐进的教研活动，教师

---

① 案例由浙江省温州市第十七中学吕晓老师提供，有改动。

们在课堂教学中进行情境创设已成为一种自觉行为。而且在情境创设中，教师们不再是盲目地为了创设情境而创设情境，而是按照研究提炼的优化情境创设策略来执行：情境设置要科学而有效，符合学生的认知水平，并与教学目标相联系，为教学目标服务；情境设置不能太多，要充分利用；教学情境要有所预设，以使教学有的放矢，但必须处理好预设与生成的关系，及时捕捉课堂中学生讨论时新生成的情境，在帮助学生解决问题的过程中实现教学目标。

（六）理论结合实践的指导性

对于理论，有些教师"仰视"它，觉得它高不可及；有些教师却"鄙视"它，认为它空而无用。其实教师是一个需要理论联系实践的职业。教师在教育教学实践中遇到的一些困惑，需要从理论上寻找解决问题的方法和规律。当然，理论的价值不只在于指导实践，更重要的价值在于启迪智慧和思维，提升思想和方法。有质量的理论学习是校本研修有效开展的基础，也是教师研修有效开展的标志之一。

教师培训与教研活动都应把沟通教师的理论与实践作为着眼点。教师研修的目标并不在于深奥的理论研究，而在于能让教师讲出教育教学的朴素道理。教研活动是促进教师学习与应用理论的"链接"与"导引"。如果教师能够通过理论的学习与运用，根据自己对教育教学规律的理解，将所学内容抽象化或系统化为更高层次的理论雏形，那教育教学研究的较高层次目标就达成了。所以，研修活动的水平与质量也反映在能否很好地促进理论与实践结合，能否帮助教师形成基于实践的理论。

案例 6-4

一个特别的理论学习计划

有一次，我到某校调研，在教务主任的桌子上看到一摞《教师实用心理学》。教务主任解释说："我们学校在做教学心理学的课题，老师们发现当年在师范院校里学的心理学都忘了，所以我找来这本书，想给大家补补课。"学校原计划给每位教师发书，让大家自学，然后下半年组织一次闭卷考试检查教师们的学习情况。

可是背记心理学概念就是教师理论学习的目的吗？我表示质疑，并与学校领导们一起讨论出一个特别的理论学习计划。

首先是组织教师自学，每章确定 3 名重点研读员（全书 12 章共安排 36 个重点研读员）。每月安排一次集中学习，事先通知全体教师通读某章，学习会上请该章的 3 名重点研读员做辅导发言，每人脱稿谈 15 分钟的学习体会。要求发言重点谈三方面：（1）本章的主要观点（考验发言者的整体把握能力与概括能力）；（2）本章观点和提法与自己的教育教学行为的联系（选择 1—2 个角度谈得深刻些）；（3）学完本章后，对今后教育教学的建议（反映教师将理论用以指导实践的意识和能力）。在 3 名重点研读员分别发表意见后，请在场教师就相关话题进行提问或发表观点，形成对话。最后，由主持人（由校领导或中层干部轮流担任）整理发言，做点评小结，或邀请专家综述，并布置少量结合岗位工作能够完成的小作业。在这样的逐章学习策划中，有半数以上教师要做辅导发言，参与面很广。大家分别承担发言者、聆听者、评议者、对话者、主持者、作业者等角色。这样的机制促进了教师的参与。几轮活动下来，教师们很欢迎这种学习形式，校本研修也成为该校的一个特色。

在这则校本研修案例中，每个学习单元都包括"自学—自辅—质疑—点评"四个环节，灵动地展现了"改变教师业务学习方式"的追求。其学习机制有以下几个特点：

一是基于教师需要且由教师开发。校本研修应基于教师需要，由教师自主开发学习方案，要根据本校教师专业化发展的需要来选择学习内容，策划学习活动以及组织学习评价。

二是角色的双重性。教师们既是接受培训的学员，又是培训同事的教员。

作为教员，他们应是移情者，尊重不同背景的同事的不同观点与长处；他们也是促进者，与同事协商，鼓励和监督大家讨论并关注作业情况，推动集体学习，促进教师们提出问题和学会自我评价；他们又是指导者，帮助教师们构建知识体系，对书中内容做必要的解释。

作为学员，他们有机会和时间探究新思想和新工具，交流自己的理解，提出质疑和反思。即兴质疑与当场答辩使活动现场迸发更多"火花"，自然的竞争暗示会促进教师更自觉地参与。教师们在体味听众对报告者的要求和期望的过程中，能够获得改进自己发言的诀窍。过半的教师需要承担辅导任务，这有助于激发大家更大的热情，促使教师们更为专注地倾听伙伴的发言，学习同事的长处。

三是以自我辅导的任务驱动教师自觉提高，以交流促进读书和反思。当教师从被动的听众变为主动平等的交流者时，他们的成就感会被大大强化。这样的交流机制为教师们提供了展示平台和发言机会，促使大家更为积极地读书和思考，提出自己的教学创意，阐述自己的教学思想。

四是注重理论学习和实践的联系。校本研修的目标是促进教师学习和应用理论。案例中重点研读员的发言"支架"较好地解决了教师理论学习和实践脱节的问题，有助于教师将业务学习与教学改进和研究联系起来。校本研修的目的并不是扩大知识面，拓宽和加深专业知识，而是提高广大教师的教育教学修养与能力，特别是理论联系实际并指导实践改进的能力。校本研修通过学习分析视角的多元化，帮助教师辩证地认识事物和多维度地思考问题，提高教师的思辨能力、发现和分析解构问题的能力。

三、教师研修活动的策划思路

怎样策划研修活动，才能给教师以真实的帮助，才能真正促进实践？这是一个非常有意义的、充满实践智慧的课题。影响教师研修活动有效性的因素有很多，如对参与者需求的了解与尊重、组织者的创意与理念、类似教学设计的研修活动策划、研修活动的可参与性、组织者的经验与临场能力、组织者调动资源的能力等。王洁教授等人将开展教研活动的技能定义为"处置性经验"，包括源于需要与期待的策划能力、问题聚焦和细化的能力、富有批判精神的对话能力、充分讨论之后的行为跟进能力等。[①]策划教师研修活动时要抓住以下几个要点。

---

① 王洁，顾泠沅. 有效的"处置性经验"：上海市"八区联动"校本教研专题调研之二 [J]. 上海教育，2005（9A）：36-40.

（一）背景分析与教师需求调查

前面谈到，任何一次教师研修活动都有其时代背景与实践背景。教师研修策划要善于审时度势，顺势而为。2020年，新冠疫情突如其来，学校迅速进入"停课不停学"状态，但教师们明显感觉网课效果不好。有些教师尝试用项目作业的形式，让学生在问题解决的驱动下自学知识，效果不错。浙江省教育厅教研室认为这既是学习与推广项目化学习的契机，也是调整教学方式，提高居家学习效率的明智方法，于是在2020年2月底发起"'抗疫情'项目化学习案例征集活动"，掀起了项目化学习本土探索的热潮。

有效的活动必须是有的放矢的，所以，组织者一般要先做调查，了解教师的基本需求和现实困惑，再结合时势背景，策划活动。组织者要善于在个体需求的基础上把握团队需求的本质，并将需求转化为活动过程的设计。

案例6-5

基于教师需求调查的研修活动的改进[①]

三年前，某校将周五下午的两个小时作为教师专业成长时段，采用"精品课堂"教研模式，组织教师研课、磨课、开课、评课，以"尊重、理解、赏识、激励"为原则，让每位教师充分享受成功的快乐。三年来，全校教师都在这个舞台上亮相锻炼，这让教师们更自信，一批富有潜质的教师脱颖而出。但大家也发现，教师们逐渐对"涛声依旧"的教研方式产生了审美疲劳，有些教师已经失却了当初的激情，对研修活动不抱太多的期待。如何改进校本研修，需要我们进一步思考和调研。

为了把准教师的脉搏，听到教师们的真实声音，我们采用无记名的方式，进行了三轮调查。

（一）第一轮调查——诊断前期实践

通过选择题形式的调查了解教师对原研修模式的基本看法。调查发现，大家

[①] 案例由原杭州市下城区教师教育学院副院长张祖庆老师提供，有改动。

基本认同目前"精品课堂"的操作模式，如以抽签的方式确定上课人选、多给年轻教师锻炼机会、跨学科开展活动等；分别有 50% 和 47.5% 的教师肯定活动在提升教师反思能力、活跃教研氛围上的作用，25% 的教师认为活动有利于培养教师的自信心；但有 57.5% 的教师反映教研模式有点单调，也有教师反映研究范围偏窄、效率不够高等问题。

（二）第二轮调查——征集改进意见

先将教师第一轮无记名投票结果印发给大家，然后开放式地征求大家对"'精品课堂'学习时段"的改进意见。以下是部分教师观点的摘录：

- 时间太长，要压缩，更精练一些；小组讨论时间略显拖沓；时间再紧凑些，不要形式化。
- 应在活动形式和研究内容上做文章，力求活动新颖、有实效，内容更具前瞻性、引导性。
- 诗意一些，放松一些。
- 适当地改变一下形式，给教师们新的刺激。
- 有针对性地开设多类型的课，如语文课可以开设识字教学、拼音教学、作文教学的课。
- 希望在理论、科研方面能给年轻教师更多的指导，如如何撰写论文、如何写课题方案等。

这轮调查让我们更真实地了解了教师们的想法。大家的建议综合反映了他们对专业成长活动的三点期望——更富诗意、更有收获、更有成效，这为校本研修"大变脸"奠定了舆论基础。

（三）第三轮调查——假如你来策划

教科室先印发第二轮调查所征集到的教师建议，然后请大家假想："如果由我来策划……"第三轮问卷上的两道题目是：

（1）在上述建议中，你最认同哪几条？

（2）假如你来设计"精品课堂"，你有哪些新的点子？（以下为主要观点摘录）

- 对有研究价值、有较多争议的问题，可以采用开放的方式，集思广益。

- 以文、理科两组并行的方式展示"精品课堂"的研究成果，这样教师发言的机会将更多，研究的内容将更专一，氛围会更好。
- 上课人选最好是自愿报名，从竞争中产生"精品"。
- 可以尝试让学生评课，听取孩子们纯真直白的感受。
- 可选取比较有争议的案例，让教师们展开讨论，针对不同教学设计讨论可行性，从而使教师们有所提高。
- 同一教研组教师可针对某一课题，共同设计教案。

在第三轮调查中，教师的建议更为成熟和理性。他们换位为校本研修的设计者，思考专业成长活动的策划。不少点子相当有价值，后来被采纳。

教师研修策划不可"理所当然"，而要"把准脉搏"。要想让教师接受并认同一项新鲜事物，组织者必须充分而准确地把握教师的思想。通过三轮调查，学校准确把握了教师的思想脉搏——大家对原模式的大致认同、适度不满以及对理性而诗意的教研生活的渴望。调查较全面地了解了教师的需求，尽管有些设想目前还难以实现，但调查仍是教师需求的倾诉渠道，有利于活动开展中的理解和沟通。

让教师从校本研修的"执行者"变身为"设计者"的过程，能够促使教师更加主动地投入到研修之中，体现了"教师是研修主体"的价值取向。研修策划是否成功，关键看它能否促进教师素质的发展。研修活动要变校方的"强迫参与"为尊重教师的"因需设研"，从教师的需要出发，让教师觉得校本研修确实能满足自己的成长需求。

（二）提炼有研究价值的研修主题

在形势背景分析与教师需求调查完成后，组织者应明确提出教师研修活动的主题和目标，就"为什么要举办这个活动"有明确的思路，对"这次活动试图解决什么问题"有基本的框架，对"活动可能会对教师产生哪些影响，让教师获得哪些收获"有所规划。能否引发教师的真思考，能否对教师有真帮助，很大程度上要看组织者是否能主动敏感地发现有价值的研修主题。

在实践中我们发现，那些没有与教师日常工作紧密结合在一起的问题，以及不是来自真实的教学情境的问题，一般不会让教师产生真正的研究冲动。教师不是没有问题，而是不知道如何捕捉有价值的问题。从"问题"到"主题"的筛选提炼过程中，如何使教师由"日常性的随意问题"走向"专题性的研究问题"成为关键。

确定校本研修的主题时应考虑：问题要来自真实的教学情境，而非凭空设想、杜撰或是某种理念的翻版；教师有可能通过研究获得解决问题的办法或思路；是教研组同事们共同关注的有一定典型性的问题；是当前亟须解决的问题。[①]

当下教师正工作在复杂而生动的教育教学情境中。教师要做教育教学的有心人，留心观察，多思多问，善于总结教育教学经验，将工作中碰到的困惑和矛盾提炼成可以开展研究的主题并着力去解决。教师既可以把追寻教育的理想与价值作为研究对象，也可以把解决现实的问题、难点、困惑作为研究对象；既可以把学生、教材、课堂作为研究对象，也可以把自己作为研究对象。

不过，解决问题也不是一蹴而就的，一次活动不可能完全解决该主题需要解决的所有问题。所以，教师要有连续滚动研究的意识。从某种意义上说，一次活动中新生成的问题，就是这次活动的重要收获。教师们要关注活动中已解决的问题与生成的新问题之间的内在联系，在追问、解读、归因、探索中寻求解决问题的途径与策略。

如在案例6-3"研究主题滚动深入的教研活动"中，教研组针对情境教学实践中的问题，相继提出三个逐步深入的研究主题："情境创设的科学性、有效性""提高情境的利用率，情境创设要少而精""处理课堂中情境的预设与生成问题"。这些主题都来自真实的教学实践，在前一个主题的研讨中发现新凸显的问题，形成滚动深入的研究机制。

（三）活动过程与研修任务的设计

在明确研修主题与目标后，需要进行活动过程的具体规划。活动通常分为三类：一是以宣讲传达为主的研修活动，策划的重点在于活动内容要适合主题与对

---

① 林卫平.校本教研行动在温州 [M].杭州：浙江教育出版社，2010.

象，板块之间的逻辑线索要合理，并应配以引导教师学习消化的思考任务与学习资料；二是以研讨为主，穿插实践任务的研修活动，策划的重点在于要通过实践任务促进深度研讨，将实践与研讨这两类活动结合好，这类活动生成性较大，其策划要求相对更高一些；三是以实践任务驱动的研修活动，整个研修也就是一个"做中学"项目，其策划要求更高，本书第七讲将专门介绍我们在这方面的探索与突破。

在策划具体活动环节时，组织者还需要考虑体现主题的研讨引子、促进参与的现场任务、适切形式的信息传达载体、促进对话与生成的预案，以及场所与设施等物质条件。如何导入、唤醒、热身、促进对话与生成，都将体现组织者的智慧。我们应重视这些准备工作。不过，要有充分的准备，但更要尊重真实的生成，要有所准备，也要有所不备，预设应为生成服务。

在活动过程的设计策划中，如何促进参与是关键。在过去的教师研修活动中，由于参与形式缺少变化，教师参与的积极性渐渐降低；由于参与面较为狭窄，少数教师积极参与，多数教师冷眼旁观。所以，要让教师真正融入研修活动，组织者必须重视参与任务的设计。好的参与任务，能让教师们通力合作，成为研究的团队，能让教师从从属地位转变为主动地位，使每一个活动环节都具有价值。

参与任务的设计是对组织者的智慧挑战，其要点如下：

一是要注重参与方式的多样性与选择性。不同教师有不同的需求，这既要求组织者在参与形式的设计上要多样、活泼，更要求组织者在参与内容的设置上有选择性、操作性和可行性。要为不同层次的教师设置不同的参与可能，让他们可以循序渐进地参与。

二是要明确参与角色的分工。组织者要明确每位教师在活动中的角色，通过相关但有区别的任务，促使教师思考视角多样化。如在案例5-3"体验STEM项目化学习中的多样学习方式"中，将学员分成观察者与体验者两组，就会使研讨的生成更生动、更立体。

三是要关注任务的前延后展。任务设计不必局限在研修活动的现场，还可以设置活动前的预研任务和活动后的行为跟进任务，通过系列活动来落实研修。如在案例3-4"作业评论师：反思'拿来主义'的作业"中，教师学习思考的重点在于活动前对现成练习册的独立研究，在独立研究的基础上，教师的分别阐述与研讨才有深度，才能推动行为的改变与方法论的提升。

四是要通过热身环节降低任务难度。热身是一个铺垫性的环节，为的是让教师们熟悉研修任务，感觉任务并不困难，从而更为轻松和自信地投入任务之中。

五是要主动传达策划意图。要将活动策划的意图，特别是任务的要求与作用主动告知活动参与者，让他们都成为研修活动的知情者，以争取大家的理解与配合。

案例 6-6

提高听讲效率和支持研修备课的"研学稿"①

一、活动目的　　　　　　　　　　　　　　　　[告知学员专题研修目的]
对自己所在学校现有的校本教研活动有清晰的认识，在此基础上形成改进学校校本教研活动的思路。

二、共同关注　　　　　　　　　　　[提示学员听讲中需要共同关注的要点]
1. 关注三个案例中所呈现的校本研修发展过程。
2. 关注三个做法的各自侧重点。
（1）科研课题是怎样带动校本研究发展的？
（2）校本教研推进中的关键是什么？
（3）案例中的学校校本研修的发展轨迹是什么？把想法变为行动的关键点是什么？

三、自我反思　　　　　　　[出示需思考的问题，促使学员唤起和提升自身经验]
1. 你所在学校的校本研修处于什么状态？
（1）做得比较好，效果明显，已基本形成学校特色，能够提炼有效的校本研修经验；
（2）确定了行动的切入点，开展了一些比较有效的活动，教师行动起来了，但积极性不够，活动持续下去有一些困难；
（3）有常规制度及相应活动，但效果不明显，对进一步的发展有设想，但缺乏明确的思路。
2. 你所在学校的校本研修现状分析。
（1）管理制度：
（2）活动安排：
（3）教学研究骨干队伍建设：
（4）保障措施：

四、把想法变为行动　　　　　　　　　　　　[敦促学员将"听懂的东西做出来"]
1. 你所在学校已有校本研修的切入点，并成功切入，怎样由此推进校本研修的持续发展？

---

① 案例引自：欧益生，王洁. 从培训走向学习：透过实践共同体的教师在职学习 [J]. 基础教育课程，2008（9）：24-27. 有改动，并将原名"讲学稿"改为"研学稿"，以更确切地体现其功能。

2.你所在学校已确定校本研修的切入点，怎样有效地切入，推进校本研修的健康发展？

3.你所在学校尚未确定校本研修的切入点，你现在准备从哪里切入（如完善规章制度、组织学习活动、设计研究活动等）？

五、作业

确定自己所在学校校本研修改进的工作思路，明确技术线路。

研制"研学稿"（如上所示）的初衷很简单，就是为了提高听讲的效率，让培训学员在听专家报告时，能够抓住重点，记录相关思考，联系实际，付诸行动。但实践后大家发现，"研学稿"还是研修导师组集体备课的很好载体。其特点有：（1）围绕某一研修板块的核心概念来组织，引导学员反思自己的经验，支持学员进行有意义的知识重组和建构；（2）对任务进行简化、解析，便于学员确认自己的思考是否接近任务要求；（3）试图发现学员们的需要和面临的问题，标示出学员所采用的方法与理想的解决方法之间的关键差异；（4）为学员创设一种情境，提供思考的支架，使他们能继续思考，不断在思考的过程中调整他们的看法。

"研学稿"是呈现研修过程的线索的一种研修工具，也是引导聚焦、记录思考的思维支架。它让所有学员都成为研修活动的知情者，了解研修的过程安排与意图，以便能提前有充分的准备；了解研修任务及内在逻辑，以便能更深入地卷入。在使用中，它首先支持了关键信息的记录，支持与推动学员的思考与交流，同时还是导师和学员沟通反馈的"桥梁"。

（四）教师研修活动的调控技术

对研修活动的预设与生成的利用要靠组织者的调控技术，我们将其概括为导入技术、传达技术、聚焦技术、对话技术和生成技术。

1. 导入技术

研修活动之始常常需要既体现主题、传达思想，又能激发思考的引子。引子可以是一堂公开课，也可以是一个发言、一个案例，甚至简洁到一句话、一个观点。它相当于课的导入，应有利于引导研讨的聚焦。

唤醒技术是一种通过激发认知冲突或反思，迅速引发教师们对某一主题的特别关注的导入技术。有的采用言语强调，有的利用情景设置，有的通过现实反思，其关键是唤起参与者的切身体验。

案例 6-7

一次意外的"唤醒"

台州市教科所曾在仙居县召开关于小学作业改革研究与成果推广的会议。在简短的开场白后，会议播放了仙居县城关中心小学开展作业改革的录像。学校多种形式的实践给与会者以很大启发，然而大家印象最深的却是片头，一位教师转述的她的朋友和自己孩子的对话。

家长：你长大要做啥？

孩子：做老师的老师，留比现在多十倍、百倍的作业，让他们做不完！

黑色的幽默使教师们的心一下收紧。是呀，在默默地工作中，我们从没有反思过自己善意的督促和指导对孩子们的伤害。

教师们初到会场时，往往会有一个渐渐进入学习角色的过程。但在这次活动中，录像的片头很意外，与会教师在心头一紧的同时，迅速进入反思状态，迅速进入活动主题。这是一则反差较大的应用唤醒技术的案例。

2. 传达技术

在教师研修活动中，组织者总有需要传达给与会者的内容。有些思想传达可以十分明确的方式进行，也有些思想传达要借例发挥，还有些内容需要通过对具体行动的品味来传达。组织者应该对自己试图传达的内容，以及如何合理地传达有明确的预想。

如何合理地传达，组织者要考虑三方面的因素。一是承载形式的多样化，可以宣讲、展示、文本印发、现场分析；二是分析角度的多元化，要避免单一角度的分析传达，立体地呈现多角度的思考；三是注意理例结合，对于一线教师来说，很多道理要通过具体实例分析来说明。

3. 聚焦技术

聚焦技术是指主持人寻找研讨共同点（挑选大家认为相对重要的问题）和解

决问题的切入点（先要解决什么）的意识与能力。这里可能要涉及解决问题的工作程序、知识领域、相关资源等。它是不断地对问题内涵进行确切表达的"解码"过程，可以从理论框架构建、结合工作实践进行研究、工作领域、研究方法等角度切入。

案例6-8

乡村学校的一次汇智决策

某校是一所地处山区乡村的九年一贯制学校。学校想以项目化学习为教学改革的方向，但校领导与中层干部既有期待，又有疑虑。于是，学校邀请教研室与先行学校的骨干教师来校召开论证会，就下阶段的决策与行动进行研讨。

主持人先发给每位教师一张印有"决策T图"的纸，请大家独立思考10分钟，分析该校开展项目化学习整体实验的有利条件和不利条件，分别罗列在"决策T图"的左右两侧。然后主持人对与会者进行异质分组，共分成4个小组，每组各有1名校领导、1名中层干部和2名学科骨干教师，再加1名教研员和1名先行学校的骨干教师。不同背景与身份的6位教师在组内交流自己对有利条件与不利条件的分析，各小组在综合利弊分析的基础上形成决策建议。最后是汇总阶段，四个小组的代表分别发言，会场白板上的"决策T图"逐渐被写满（见下图）。大家在权衡利弊的过程中，共同形成决策。

以项目化学习为学校教学改革的方向

有利条件

1. 学生成长空间大
2. 班额较小，适合开展项目化学习
3. 学校规模小，容易"转身"
4. 九年一贯制，教育理念连贯
5. 社会关注度不高，家长干扰少
6. 学校物理空间较大
7. 老办法无效，潜在的求变愿望强烈
8. 以乡村建设者为育人目标，定位鲜明
......

不利条件

1. 管理层的共识还没完全形成
2. 农村教师对项目化学习有些陌生，尤其初中教师可谓零基础
3. 以项目整合学习还有些困难
4. 项目化学习资源缺乏
5. 增加工作量，部分教师会有抵触情绪
6. 家长关注和支持力度不大，配合不够
......

我们的决定：

4. 对话技术

主持研修活动时，主持人要善于营造对话交流氛围，让每位教师实质性地卷入教研活动中；同时又要通过话语调控，限制低效和无序的交流。研修活动的对话不是统一思想，而是思想交流、知识共享。我们不必试图去说服另一方，而是彼此交流和质疑，展开批判性的对话。

对话需要讲求方法与策略，这不仅是引导教师以开放的心态参与活动的需要，也是促其暴露、促其反思、促其解构问题的需要。主持人需研制多种对话方式，可开门见山，直入主题，直指问题症结；对于敏感的、教师不愿直面的话题，可采用迂回战术，曲径通幽，巧妙过渡，逼近主题；可故作糊涂，让教师急于解释，将隐藏于内心的真实想法暴露出来，再辅以比较、归谬等方法，使教师幡然醒悟；也可环环紧逼，步步追问，逐层反驳，至其自相矛盾时便入佳境。[①] 对话技术的关键是"打开"，让参与者"打开"自己，暴露思想。案例6-9展现的就是帮助"打开"的一种对话讨论方法。

案例 6-9

说服性辩论

主持人先将学员分成几个小组，每组人员不要多于12人。大家站立围成一圈。每个小组由主持人提出议题，学员们自主选择同意、反对或中立，各成一列。然后每一列派代表轮流发言，说出自己的理由并劝说另两方改变选择。几个回合的辩论发言后，学员们重新站队，表达自己的新选择。

5. 生成技术

在做研修策划时，组织者要处理好预设与生成的关系，预设要为生成服务。准备要周密，但不能过度，组织者不能将活动当作预设节目的流畅表演。充分的准备不是为了展示，而是为了促进教师交流碰撞，有新的生成。

一些组织者不敢为生成留空间，一是怕"生不成"，二是怕意外的"生成"。但成功的研修策划，应该对生成有所预期，并备有促进生成的预案。常用的促进

---

① 仲广群. 新课程背景下教研方式的创新 [J]. 中小学教师培训，2004（11）：34-36.

生成的方法如下：

（1）现场点评与小结。许多灵感是在研修现场产生的，或者于讨论中不知不觉地形成。所以，现场的即时点评能促进观点和建议的生成，并引导研究的深入。

（2）有结构意义的追问与记录。在研修活动中，很多有价值的观点和想法是在追问中生成的。有意义的追问常常具有一定的结构性，如：这堂课究竟采用了哪些教学方法？为什么要采用这些方法？有没有更好的改进建议？这种有结构性的追问模式以及类似的有结构意义的辅助记录表，有助于参与者把握关键问题。

（3）随时思考与随手笔记。在教师研修活动中，教师记录的通常是他们所看到的现象，但比所见所闻更重要的是所思，特别是在现场灵光乍现的念头，常常是最有价值的生成。所以，组织者要培养教师借助一些辅助性的工具随时记录思考内容的习惯。

（4）记录、整理与再研究。有些生成可能无法在第一时间被觉察，所以教师们要养成利用录音或视频收集过程性资料，再事后进行整理研究的习惯；如有条件，最好能以会议纪要或研修通讯等物化形式保留活动中有意义的片段和研究进展的轨迹。

案例6-10

群众评委的"学习型评分单"

某校组织青年教师论坛，有9名教师就"提高教师的命题能力""教学进度与复习时间"等话题阐述自己的理解和建议。为使现场教师不只是观众，更能真实卷入、有所思考，组织者特意请现场所有教师担任群众评委，并发给每人9张记录与评分单（见下页图），要求对每一位教师的发言都从4个方面进行记录与评价。

观点			表达
	科学性	条理性	
问题分析			解决办法
	针对性	可操作性	

评价标准：

　　有质量的发言应当观点正确鲜明，表达顺畅清晰，能结合教育教学实践，抓住关键问题进行针对性的分析，并有积极解决问题的办法。

总得分：

论坛发言的记录与评分单

　　注：请各评委在"外田字格"中进行记录，对照右侧的评价标准在"内田字格"的对应处分项评分，并将总得分写在右下方的小框中（总分100分，小项各25分）。

　　这张精心设计的记录与评分单也是一种研修工具。表面上它起的是促进参与的作用，其实它是对群众评委学习如何进行论坛发言的辅导。它明确了评价的四个维度与关键表现要求，让群众评委在倾听、记录和评价他人发言的过程中，自然而然地掌握论坛发言的要领，也在记录思考的过程中出现许多开放性的生成。因此，我们称其为"学习型评分单"。

（五）关注研修后的行为跟进

　　当前，关于教师培训与教研工作的成效评估有两种价值取向。一种是活动取向，比如看组织了几次活动、多少人参加、直播观看量多少等。另一种是研究取向，比如看研究是否深入、研究能否促进教育教学行为的改进等。在这两种价值取向中，我们倾向于后一种。衡量教师研修活动的成效应该主要看两个方面：一是认识上的进步，如达成哪些共识；二是教育教学行为的改进，如有哪些行动跟进。

　　研修活动后形成的共识一般有两种。一种是理解，即对某些事物的认识。它可能从最浅显的道理出发，发展为指导教学行为的基本理念，甚至在条件成熟时系统化为教师自己的理论。另一种是建议，即进一步行为的操作框架。这可以是关于教育教学进程的操作，也可以是关于研究分析的进一步操作。

　　研修活动不能仅仅停留在认识的层面，光说不练未必有效，只有将研究共识转化为教学建议，并进一步转化为具体教学行为的改进，才是研修的真正目的。所以我们在研修活动结束时可以请教师说说下学期最想尝试做的事情是什么。这个最后的环节反映的是对行为跟进的关注，这就是教师研修活动的延伸。

四、推广研修案例研究

　　关于教师研修活动组织策划的研究，可以追溯到我担任台州市教研室主任的时候。在主持全国"创建以校为本教研制度建设基地"项目的台州区域实验时，我们尝试将教师研修活动作为一类研究对象进行专题研究，提出"教研策划"一词。2005年1月，项目经验交流与工作研讨会在湖南长沙召开。我在大会发言中首次提出"教研策划"，倡导以案例的方式研究教师研修活动的组织与策划，以研究的精神改进教师的学习，得到了总项目组负责人顾泠沅教授的肯定。在顾先生的支持下，研修案例研究这一小小研究分支逐渐成熟。

　　就像课例研究一样，我们将叙事研究方法应用到了教师研修活动策划的研究中。教师们既可以从一类活动入手，去总结这一教研活动类型的经验；也可以从一次活动入手，反思活动的得与失，讨论提高活动质量的方法和建议。

　　研修案例是改进教师研修的新的研究载体。它像故事，但其中蕴含着道理。研修案例的呈现形式应多样化，可以夹叙夹议，以议论分析为主；可以叙议结合，以叙事介绍为主；也可以通过活动实录的形式来展开。比较常见的研修案例一般包括：（1）缘由，即活动策划的背景（包括教师需求分析等）；（2）目的，即明确活动要解决的问题（为什么要搞这次活动）；（3）意图，即对活动过程的设想（为什么要这样组织这次活动）；（4）过程，包括实施过程与重要细节；（5）生成，指关于研究主题的有价值的生成；（6）启示，即关于活动组织的反思（怎样组织效果更好，其背后的原因与机制还有什么）。

研修案例不应是"八股式"的，上述部分也不是每个案例都必需的。我们无意以一种"完整的母版"统一丰富多彩的教师研修活动的叙述形式。只要教师们带着研究的眼光去认识和参与研修活动，重视教师研修活动中的收获与效率，那校本研修的精神就能得以体现。

案例 6-11

基于诊断的教学示范与指导
——一次送教下乡活动的改进

送教下乡是一种常见的教研形式。我们组织优秀教师前往经济欠发达地区，以示范教学和辅导讲座的形式，指导当地教师的教学和研究。这是很有意义的活动方式，也是促进教育均衡发展的举措之一。

（一）活动模式的反思

送教下乡活动的一般模式是先由当地教师与送教教师依次登台，分别进行课堂教学展示，再由送教专家评课并做专题报告。这样的方式能对当地教师产生积极影响，但也有一些问题值得研究。

一是这种模式因为过于依靠预设而针对性不强。送教教师和专家通常会选择自己擅长的课例或讲座，以保证现场活动万无一失。而且，活动安排比较匆忙，没有为送教教师与专家接触、了解当地的教学现状留有充足的机会。因此，送教的内容可能是充分预设的精品课，但不一定切合当地教师的实际需要。活动效果会热闹有余，深刻不足。

二是这种模式因为潜在竞争的引入而干扰了常态研究。很多送教活动会安排当地教师与送教教师同台献课。当地教师常会背靠团队，充分演练，暗自较劲，因此送教教师也不敢懈怠。这样就会使课堂教学更注重现场的展示效果，而让活动失去研究的本色，与常态教学渐行渐远，对日常教学的改进意义也会削弱许多。

（二）改进后的活动安排

为此，我们在民盟浙江省委会组织的云和县初中送教活动中进行了几点改进，变预设的竞争为基于诊断的教学示范与指导，让送教下乡真正送到当地教学改进的切合点上。

送教团队提前半天到云和县，听一节依照教学进度的常态课，根据课堂上暴露的问题与困难，当夜备课，第二天上同一节课，以现场教学呈现如何克服教学困难。各学科活动安排见下表。

各学科送教活动安排

时间	环节	具体安排
首日下午	课堂调研	送教教师与本校教师一起，进入常态课堂，了解教学现状。送教教师课后参加评课研讨，进一步诊断教学，了解教师现状
首日晚上	改进设计	送教教师与一名本校有潜力的青年教师一起研究教学设计，确定次日的改进教案
次日上午	同课同构	送教教师与该青年教师用同一个教案，先后上课，以两节课堂的对比为研究教学实现能力提供实例
	课后分析	送教教师阐述分析教学设计及教学实现的要点，就课堂教学改进提出若干建议
	综合指导	送教教师综合课堂调研的情况，站在学科教学整体改进的角度，提出若干建议

由于首日的活动安排了调研诊断环节，次日的教学展示与指导的针对性明显增强。由于送教教师参与到当地教师的课堂研磨中，并帮助当地教师设计改进教案，大家的关系从竞争展示转向共同研究。

（三）活动组织策划的特点

1. 基于当地意愿设置教学专题

为了让送教活动配合当地教研工作，我们特意征求了当地初中教研员的意见，根据当地需要安排教研主题，组织送教的专家团队。例如，语文和英语关注"阅读教学"，数学和科学关注"复习课教学"，其中数学还要在"试题分析与命题研究"方面有所侧重，科学要补充"课堂观察"的分析视角。

2. 安排常态课的调研，以诊断教学现状与教师所需

为了让送教切合当地教学实际，我们增加了半天的调研环节，借常态课的调研以及常态的教研活动，诊断当地教师的教学基础和日常教学的基本状况。其实，

在送教活动中，送教教师也是不希望将送教课上成展示课的，他们也愿意将课上得更常态些。然而，因为一般的送教活动缺少调研诊断环节，因不知虚实而回避常态便成为很多送教活动的"理所当然"。

3. 开展"同课同构"的教研，以现场教学呈现如何克服教学困难

教师最佩服的不是能说会道的专家，而是比自己更有"招"的同行。我们要让送教教师的"作用点"指向当地教师的"困难点"，这样才能真正帮助他们克服教学困难。普通教师与优秀教师的差距主要体现在四个方面：一是学科素养，二是教学设计能力，三是教学实现能力，四是学习指导能力。在课堂教学研究中，我们在引导教师关注教学设计的同时，更加重视教学实现能力的提升。将这两者"拆分"开来研磨，显然要比"和"在一起更清晰。送教教师要敢于"同课同构"，敢于"量体裁衣"（按当地教师的特点，帮他们设计改进教案），用适合当地教师的教案，呈现克服常态教学困难的方法。

4. 学科教学改进既要进课堂抓微观过程，又要看整体抓宏观系统

由于现在的一线教师当年就是在"教考分离"的体系下读书的，所以很多教师很自然地以迎合的心理去组织题海训练，试图提高分数。而要胸有成竹地真正提高学科教学质量，把握课堂具体过程与通过整体视野指导学习是同等重要的。所以，辅导讲座没有选择送教教师平日擅长的"节目"，而是以学科整体视野来分析教学问题，提出改进建议，理例结合地阐述教学策略。

我们认为，送教下乡的真正意义并不是让当地教师见识优秀教师的课堂风采，而是要让送教教师成为当地教师教研活动的引领者。如果送教的优秀教师没有切合当地实际的"着陆"环节，那么对于当地教师来说，送教下乡便可能只是精彩的"海市蜃楼"。

研修案例研究打开了改进教师研修活动策划的"窗户"，许多灵动的教师研修活动在浙江出现。我们在自2007年开始举办的浙江省新教研员培训中，特别将教研策划作为重点板块，在全省教研系统中推广研修案例研究，鼓励教研员讲教研故事，总结教研策略，探索开展教师研修策划的方法。

第七讲

触及教师研修
机制的实践研修

在教研策划的推广应用中，我们创新地构建了真正以教师为主体的"实践研修"模式，形成提升教师执教能力的系列化研修项目，在机制层面实现从培训到研修的进步。结构性的真实实践任务可以推动持续性的探究，唤起教师对日常教学行为的反思与改进，引导教师开展以经历为基础、以体验和反思为主要方式的学习。

在改进教师研修活动的努力中，有一个问题始终困扰着我们。"我们"调查教师需求，"我们"确定研究主题，"我们"策划活动过程，"我们"关注现场生成。然而，这个"我们"常常只是组织者和少数骨干，大部分教师并没有真实卷入。其实这种"主体迷失"的现象不只出现在教研活动中，在教师培训活动中这种现象可能更普遍。走进报告厅，我们所看到的常常就是在讲台上放着 PPT，滔滔不绝地讲着的报告者。教师研修的"主体"究竟是谁呢？

教师培训与教研活动都要回答一个问题：教师是怎样实现学习的？改进教师研修活动有一个必需的行动，那就是"找寻教师研修的主体"。

在本专题中，我们将围绕"找寻教师研修的主体"这一主题，分享这些年来的原创探索，主要讨论以下四个问题：

第一个问题：从后文的语文教师实践研修故事中，你得到了哪些启示？

第二个问题：与传统的教师培训相比，实践研修在哪些方面确有突破？

第三个问题：如果让我们来策划一次实践研修，有哪些要点与策略？

第四个问题：实践研修探索对于教师教育的改进与发展有何意义？

一、找寻教师研修的真正主体

随着教研策划与研修案例研究的推广，许多教研员在承担教师研修工作时将这些策划与研究方法自觉应用了起来。其中最突出的是浙江省中学语文特级教师赵群筠在承担浙江省农村中小学教师"领雁工程"的实践指导工作中的创造性应用，这种应用形成了一种真正以教师为主体的研修模式。

（一）语文教师的实践研修故事

2009 年 3 月，赵群筠老师在面向初中语文骨干教师开展的实践指导中，将教研策划方法应用于具体的研修实践，系统规划了为期一个月的四个研修项目，并引入有效教研活动的元素，呈现了教师研修的新模式。这其中既有导师引导下的课堂观摩和研讨，也有项目任务驱动的学员独立研究。

案例 7-1

<h1 style="text-align:center">语文教师的四个实践研修故事^①</h1>

（一）教学设计项目

早上八点半，学员们遵照导师前一天的嘱咐，没带笔记本电脑，只带了两支不同颜色的笔来到研修教室。导师等在门口，微笑地发给每人两张白纸和一篇课文《竹影》，请学员们独立解读文本，分别书写教案。

学员们马上吐槽："不是倡导应用现代教育技术吗？没有电脑，叫我们如何备课啊？"导师微微一笑说："今天我们考验的就是大家'裸备'（没有资源帮助下的独立备课）的能力，要知道'裸备'是教师的基本功。"导师随后又补充说："平时大家接到新课文，总是先到网上找课件，找优秀教师的教学设计。但过早看这些资料，会先入为主，使我们的独立备课能力退化。今天我们就是要大家挑战独立备课。"

学员们虽然有一些不满，但还是按照导师的要求，开始独立思考撰写教案。一个半小时后，大家每人都有了一个教案初稿。于是，导师组织大家交流讨论，穿插着进行点评。在关于《竹影》的讨论中，有观点的碰撞，也有呼应与补充。离午饭时间只剩半小时了，导师说："刚才大家讨论得很好，接下来讨论暂停，请大家趁午饭前的时间，及时消化刚才伙伴们的思路与建议，换一支笔修改自己的教案，形成教案二稿。"

大家完成教案迭代后，导师又布置了下午与晚上的任务："上午不让大家看名家教案，并不是不需要看，钻研名家的教学设计也是一种很重要的学习，但备课的基本原则是'独立思考在先，参考资料在后'。上午大家已经经历过独立备课，对课文已有了自己的解读与教学构思，下午就请大家到网上搜索《竹影》的教学资源，搜索关于丰子恺的背景资料，自己钻研，修改形成教案三稿，再写一篇关于今天研修体会的文章，晚上睡前发给我，明天我们再交流大家的体会，研讨这篇课文的教学设计。"

---

① 案例引自：赵群筠.语文教师的实践研修故事 [M]. 杭州：浙江教育出版社，2010：39，63，76，167，210.有改动。在书中，"项目"的原称为"单元"。

（二）教学实现项目

在关于《竹影》的教学设计讨论中，学员们主要有三种文本解读的思路。于是，导师顺势将大家分成三组，每组研究形成一个教案，各派一名代表上一节研究课，进行"同课异构"的讨论。

大家听了"同课异构"的三种上法后，深切体会到解读和设计的美好愿望离课堂呈现的距离。于是，大家又共同认真分析该课文的教学处理，仔细推敲琢磨每一个环节，最终研究形成了一份适合教师常态课堂的教案，由两名教师和导师第二天用这同一份教案来上这节课，这就是"同课同构"。

在教师的课堂执教能力中，教学设计能力与教学实现能力是同等重要的。"同课异构"的课堂研究主要指向教师的教学设计能力，而"同课同构"的课堂研究更多地指向教师的教学实现能力。导师下水课告诉我们，即便使用同一个教案，不同教师所演绎的课堂也可能不同，其背后还有许多值得学习的方法与智慧。

（三）作业布置与设计项目

由于市场上现成作业太多，教师几乎没有亲历过作业设计的过程，对于作业布置也往往是"拿来主义"，看到作业就不加思索地转发给学生去做。但是，教师的作业编拟能力直接关系到教师把握教学目标的能力，同时也是教师命题能力的基础。所以，我们要通过作业分析与作业设计，促进教师对日常作业有效性的反思，提高教师根据教学内容编制作业的能力。

关于作业布置，导师先将学员们分成四个小组，每组研究八年级下册两本同步练习册中的同一个单元，花一天时间完成四项任务：一是结合语文课程标准，透视作业意图；二是逐题评价作业的优劣，分析是否有效及其原因；三是梳理总结有效作业的特点；四是根据课标与教材，结合两本练习册，提出该单元的作业方案，并阐述设计意图以及整合设计的思路。次日上午，导师先请各小组汇报研究结果和单元作业方案，大家一起评析；再总结作业布置的思路、作业设计的经验以及评价作业质量的标准。下午，导师还会请每位学员撰写一天半以来研究作业的体会。

关于作业设计，导师策划了一次现场作业设计活动，让学员们根据现场提供的语篇，在一个小时内现场独立设计随堂作业与课后作业，并写出作业设计意图。

然后学员们轮流说题，互相交流、讨论和点评。活动结束后，导师要求学员把讨论生成的观点、建议整理起来，并各自写下研究体会。

（四）体验考试与命题分析项目

由于长期"教考分离"，教师命题经历较少，这对教师提高教学把握能力有所制约。于是，我们组织了让教师以学生的角色体验语文测验的研修活动，借此让教师来体验学生的考试感受并研究、反思命题及评分标准。

第一天下午有两个环节。导师先要求学员们独立完成一份学生试卷，包括下水作文。虽然这对语文教师来说并不费事，但他们以学生身份面对有些题目时也会卡壳。然后学员们需要再读试卷，分析各试题的测验目标与命题意图。让学员们兼有试卷分析的学生视角与教师视角后，导师为第二天的命题分析活动做好了铺垫。

第二天上午也有两个环节。学员们先集体批改试卷。在批改客观题时，大家并没有异议，但改到主观题时，教师们开始嘀咕了。有教师向导师求情："您看，就这道题，我这样想……，这样答……，其实更有道理啊！可按照参考答案，却要分数扣光，那也太不合理了！这里至少应该给我两分吧！"导师微笑着一口回绝："不行，改卷必须完全依照参考答案！要知道，你们的学生平时也是没有申诉权的呀！"是啊，教师们平时也是这样扣分的呀！只有换位后，你才能意识到平时教学行为的欠妥之处。其实，"装进去的是憋屈，待会儿倒出来的就是反思"，学员们在随后关于命题与拟制评分标准的研讨中，有了许多真心的收获。特别是在开放题评分标准如何合理设计方面，学员们有了更深入的思考。

在案例7-1的研修活动中，活动的主体从台上移到了台下，学员们在有指导地完成实践任务的过程中，通过体验与体验的交流、策略与方法的生成，实现了专业素养与教学能力的提高。这一项目化的"做中学"突破了传统教师培训与教研活动的研修机制，突出了实践任务驱动的关键特征。所以，当年我们将之定义为"实践研修"，强调其基于真实实践促进教师发展的本质特点。几年后，在国际教育交流中，我们接触到国外的"工作坊"（workshop）模式，发现两者的模式与机制非常相似。

（二）提升教师执教能力的系列化研修

在随后的半年多里，赵群筠老师在后面三期"领雁工程"的实践指导中，继续探索这种研修模式，每期都策划开展一些新的研修项目，用课程建设的方式逐渐积累了很多适合初中语文教师的研修项目，并出版了《语文教师的实践研修故事》一书，从研修策划、研修体会与研修成果等角度介绍了语文教师在研修活动中的实践演绎，提出了一个系列化研修的框架（见图 7-1）。

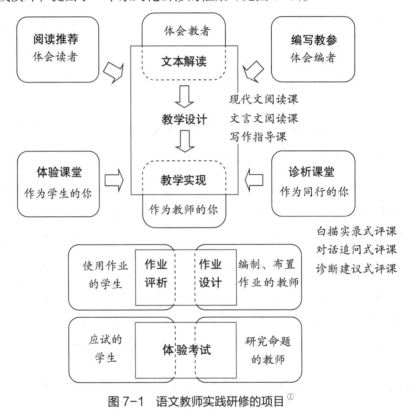

图 7-1 语文教师实践研修的项目①

这些研修项目以课堂教学、作业、考试为主线，通过解构教学环节、设置多元角色、区别文本类型、探索实践变式等丰富多样的思路，使教师多维度地深入研磨教学实践的具体环节，从而提升其执教能力。

---

① 赵群筠.语文教师的实践研修故事 [M].杭州：浙江教育出版社，2010：4.

1. 解构教学环节

以往的教研活动常采用"同课异构"的方式，教师各自备课，各自上课，然后进行比较分析。这样的教研活动强调教师的教学设计能力，执教者在相互碰撞中激发灵感并收获启发。但是，在实际教学中，有的教师即使有精彩的教学设计，却也不一定能够成功演绎出来。教学实现可能是制约教师执教能力的一个关键。

所以，我们将教师的课堂教学能力分为课前的教学设计能力和课堂上的教学实现能力。教学设计反映的是教师对课标和教材的解读与对学生学习过程的预设，而教学实现反映的是教师面对学习者和真实的学习情境时，把握教与学的活动的能力。对于语文教师来说，教学有三道"坎"：一是文本解读，二是教学设计，三是教学实现。只有跨过教学实现这道"坎"，教师才能将教学设计展开为具体的、丰富的教学活动。

"同课异构"可以指导教师迈过前两道"坎"，但教学实现也是决定学习活动有效性的关键因素。所以，我们提倡将"教学实现能力"剥离出来，有所突出地研究它，并通过有针对性的研修活动促进教师重视这一能力的研习。

在系列化的实践研修中，"同课同构"是一种创新，即以同一份教学设计让不同的教师和指导教师分别演绎，使相同的教案在不同的教者身上呈现出不同的精彩。课堂的精彩在于教师深厚的教学底蕴和丰富的教学艺术，但这却又可能是内隐的，是别人不易发现和体会的。采用"同课同构"的形式，大家一起以实际行动来诠释同一份教学设计，有助于展现教学设计动态落实的全过程，让优秀教师微观的、内隐的学识底蕴与教学艺术变得可见可感。

2. 设置多元角色

在研修活动中，我们赋予教师不同的角色，他们就会有不一样的收获。

譬如在关于作业与考试的研修中，让学员分别以考生和命题研究者两个角色分析试卷，又让学员以使用作业的学生和布置作业的教师两个角色反思作业，我们可以设计四个研修项目。通过师生两方面的换位体验，教师兼有师生双方的立场与视角。

又如在课堂教学实现环节，让学员分别以听课学生、观课同行、执教教师的角色参与课堂学习活动，可以帮助教师多角度地体验课堂，研磨现场教学处理技巧，提高教学实现能力。

在文本解读环节，组织者也可设置教者、读者与编者三种角色，让教师经历"文本解读""阅读推荐"与"编写教参"三个研修项目。

3. 区别文本类型（课型）

在语文教学中，文本类型多种多样。图 7-1 选择了现代文阅读、文言文阅读和写作指导三种典型课型，形成了三个文本解读加教学设计的研修项目。这些项目通过重复的研修环节，强化教师对教学设计的研习；也通过各类典型文本的解读历练，帮助教师比较和体会不同文本类型的特点。

4. 探索实践变式

同一个研修项目，也可以根据方式的不同，衍生出多种实践变式。如在学习如何听评课时，组织者策划了从同行评课的角度研究提高教学实现能力的"课堂诊析"项目，该项目可以采用白描实录式评课、对话追问式评课、诊断建议式评课三种不同评课方式，变成三个变式研修项目。

在 2010 年前后，浙江还有一些教研员也在探索项目化的、实践任务驱动的教师研修。然而，根据学科特点，成功地开发了系列化的实践研修项目的就只有初中语文学科。虽然在今天我们对这样"做中学"的教师研修已经相当认同与习惯，但放在十多年前，实践研修的探索与突破却是十分重要和宝贵的。

二、实践研修的主要特点

在第六讲中，我们提到过教师研修活动的三种主要类型：第一种是以宣讲传达为主的传统的培训活动；第二种是以研讨为主，穿插实践任务的传统的教研活动；第三种是由实践任务驱动的研修活动。实践研修就属于第三种活动类型，它其实是教研活动与教师培训的结合，是教研活动的实战性、参与性与教师培训的小班化、系列化的结合。就像面向学生的课堂教学改革一样，实践研修是面向教师的研修方式的变革，其主要特点如下。

（一）让教师成为研修活动的真正主体

"课堂教学要以教师为主导，以学生为主体"是一句流行语，在教师研修活动中，也必须强调"以学员为主体"。

在实践研修中，最核心的活动并不是导师的报告讲座，而是学员们围绕某一专题而展开的研究与实践。学员们在接近真实教学现场的任务面前，表现出很强的探索欲。尽管大家的研修成果会因个体能力的不同而有些差异，但每个人都真实地主持了自己的思考与研究，参与了与伙伴合作的研习，并在实践中越来越成熟地完成任务。在研修中我们发现，学员们并不是靠导师的传授和指导而成长的，他们获得成长的最重要的方式，是他们终于学会了以积极、正确的方法研磨教学行动。在这样的研修中，主要的活动者是学员，导师的作用就是策划任务、营造讨论氛围、提供适时指导。

（二）以多样的实践任务驱动教师的真实生成

有效的教师研修活动有两个关键点：一是教师的充分参与；二是过程中的生成。在实践研修中，贴近教学实战的、内容多样的真实实践任务（如设计教案、进课堂上课、现场编题、编制教参、像学生一样临场答卷等）发挥了重要的作用。这些任务有的是实践任务，如"同课异构"和"同课同构"的研讨、文言文的"诊断课"和"提高课"等；有的是书面作业，如现场书面评课、现场设计作业、现场写下水作文、写作业评析鉴赏意见、写研修案例以及活动体会等。虽然形式各不相同，但这些任务都很好地体现了驱动性，即由任务驱动教师主动地钻研。

在以往的教研活动中，教师们常常听完课便马上评课，这时容易说得热闹，但因缺乏具体的记录，而让很多闪光的生成随着活动结束便消失了。因此，教师在实践研修中尝试"现场书面评课"，每次听完课后，先花半小时写下听课感受与课堂评析，然后再口头交流，这样有助于生成的驻留。

任务就像课堂作业，是研修策划中的一个关键，它让研修者有了具体的参与情境。也正是因为这些真实的实践历练环节，一些有价值的生成才可能出现。

（三）以结构性的任务推动持续性的探究

以往的教研活动也会有一些任务，但实践研修提倡设计有较强结构性的一组任务，以驱动教师展开持续的钻研与探索，形成深度学习成果。通过研修目标、实践任务、研修作业三部分的任务说明，组织者试图让学员明确研修活动的期待与意图，明确步步深入的任务组合的要求、要点以及相互关系，明确研修的预期成果，从而有目的、有计划、有整体感地展开实践与思考。这些任务说明中隐含着教师探究的支持性工具。

如案例 7-1 中针对教案的"拿来主义"与对教参过分依赖的问题，组织者设计了指向教师独立备课能力的研修活动。导师首先让学员在没有任何参考资料的情况下，进行文本解读与课堂框架的独立构思，形成教案初稿（1.5 小时）；再让学员讨论交流（1 小时）；然后让学员消化讨论意见后进行教学设计迭代，形成教案二稿（0.5 小时）。三个任务环环相扣，独立学习与合作学习良好配合。之后，活动从上午的封闭备课变为下午的开放备课。同样是做教学设计的迭代，学员从受控到放开，活动从上午的基于同伴讨论和导师点评的迭代，升级为下午的基于名家教学资源的自主钻研的迭代，任务形似却又深入很多；如果再与后面"体验课堂"的"同课异构"连在一起的话，这种迭代将是基于课堂亲身实践的教学设计再迭代。这样的任务关联与递进，使教师处于持续的挑战之中，同时又不断看到自己的成果与进步，这一过程好似"拾阶而上"。此外，活动还有与这组持续深入的任务相平行的反思体验任务。在学员体验过这样一天"先封闭后开放"的任务情境后，导师让他们体会"独立思考在先，参考资料在后"的备课原则，并写一份书面的活动反思。此环节貌似随意，却拨动心弦。这就是结构性任务设计之巧妙。

（四）唤起教师对日常教学行为的反思与改进

要推动教师改进教学行为，提高教学能力，首先要让他们真正地发现问题。听他人报告罗列教学中存在的问题时，教师们可能只是听听而已，并不一定会付诸行动。在实践研修中，有些研修项目直接针对教学实践中存在的某一问题而设计，旨在唤起教师对日常教学行为的反思，促使教师真正地改进教学实践。

观察当前的学校，教师常常是在未试做与筛选的情况下，布置学生完成成册的练习或试卷，却未必思考过这些作业的设计意图。这种无视作业功能的盲目练习，是增加学习负担、破坏学习体验、浪费学习时间的"毒瘤"。然而，大量一线教师抱着"做总比不做好""多做总比少做好"的自我安慰心理，放任其普遍存在。怎样才能让教师对这种无视学习规律的做法的危害性有所警觉呢？

在一次实践研修中，组织者安排了"作业评析"活动。教师以某一单元为样本，对比分析市面上常用的练习册，逐题分析作业的设计意图，评判作业的质量，然后思考哪些作业是必要的，哪些作业是可做可不做的，哪些作业完全是多余的，布置作业应该注意什么。在细细分析那些练习册时，教师们发现了很多意想不到的问题，对作业布置行为的反思，以及整合优化作业的意识随即被"唤醒"。通过透析作业设计意图，教师阐释教学行为背后道理的能力得到了提高。当然，这一活动更重要的意义在于，引导教师从关注自己的"教"转向关注学生的"学"。

在教师经历实践研修的过程中，我们看到了项目化学习的"影子"，如驱动性问题、真实性实践、支持性工具、持续性探究、表现性评价等，不过最重要的还是教师在研修活动中彰显的主体精神。

策划实践研修时应注意：（1）把重点放在研修任务的设计上，而不是授课者的 PPT 上；（2）要躬身地去研究学员的需求和期待的学习方式，不再自上而下地要求他们接受与遵守既定的课程要求；（3）研修的主要内容不再是成熟的学科化的系统课程，而是紧密联系教师工作实践的介于理论与实践之间的"中间地带"的知识与技能；（4）强调学员的先行研究，强调学员的认识与理解的实践体现；（5）关注学员的体验与反思，让更多真实情境中的生成性内容进入课程。

三、实践研修的操作要素

实践研修的核心目标就是找寻教师研修的真正主体。由此，我们提炼了实践研修的八个要素。这些要素也是改进教师在职学习的重要切入点，它们共同刻画了教师实现学习的基本过程。

（一）对象分析

在策划教师研修活动前组织者应事先了解研修者的特点、基础与需求，这是研修的起点。对于不同岗位、不同专业发展阶段、不同地区或学校类型的教师，研修策划应有所区别。

（二）目标预期

分析研修者的起点与需求后，组织者应根据其特点规划研修主题，设计研修目标，描述目标行为。目标是研修中实践任务设计的依据。教师研修目标的确定应从以下三方面思考。

1. 学科专业素养：学科专业知识与学科教学知识

舒尔曼（L. S. Shulman）将"学科教学知识"（pedagogical content knowledge，PCK）界定为教师个人教学经验、教师学科内容知识和教育学的特殊整合。[1] 也就是说，教师不仅要拥有所教学科的具体知识，如事实、概念、规律、原理等，还要将自己拥有的学科知识转化成易于学生理解的表征形式的知识。格罗斯曼（P. L. Grossman）将学科教学知识具体解析为四部分：一门学科的统领性观念——关于学科性质的知识和最有学习价值的知识；学生对某一学习内容理解和误解的知识；特定学习内容在横向和纵向上的组织和结构的知识；将特定学习内容呈示给学生的策略的知识。[2] 上述理论可为分析教师学科专业素养提供框架，并形成教师研修的目标及课程。教师的学科专业素养是需要长期积淀与修炼的。研修活动主要帮助教师提高对学科专业素养的整体认识。

2. 执教能力：教师完成具体教学任务的能力或技能

教师的执教能力分为教学设计能力、教学实现能力、作业设计与布置能力、作业批改与分析反馈能力、学生学习诊断能力、个别化学业辅导能力、过程性评

---

[1] SHULMAN L S.Those who understand：knowledge growth in teaching[J]. Educational Researcher，1986，15（2）：4-14.

[2] GROSSMAN P L.The making of a teacher：teacher knowledge and teacher education[M]. New York：Teachers College Press，1990.

价能力、考试命题与分析能力等。它可以通过一定方式的行动学习活动来提高，是中短期研修活动策划的主要目标和线索。

3. 学生意识：主动站在学生立场思考问题的意识

教师的学生意识反映在其对"变革学教关系""教为学服务"的理解上，包括能否主动和自觉地站在学生的立场思考教育教学问题，是否注重对学生的研究及对学习规律、学习设计与学习指导的研究。组织者可以设计一些体验性的研修活动来唤醒教师的学生意识。

（三）实践任务

顾泠沅教授主张"把听懂的东西做出来"和"把做好的东西说出来"。实践任务的设计是实践研修策划的关键，它相当于从"对象分析"的起点到达"目标预期"的"阶梯"。

实践任务就是一个项目，通常包含行动与文本两个层面。行动就是问题解决的实践，"有思考的实践"与"基于实践的思考"将是整个研修活动的核心。文本是实践成果与研修体会的表达，要求关注真实思想，防止形式主义。组织者设计实践任务时应注意以下几点。

1. 实战性

组织者应从日常教育教学实践中截取一个可能真实发生的、教师熟悉而且可为的、有一定挑战性的任务或任务片段，它需要教师带着反思精神来完成。

2. 目的性

教师完成该任务需要运用的知识与能力是较为明确的，试图解决或克服的问题的指向也是明确的。

3. 结构性

实践任务通常由多项相关的子任务组成，各子任务间的关系或是台阶铺垫，或是类型分工，或是生成性的提升。结构性的组合设计是"研修任务"与"简单实战"的区别所在，也是策划的关键之一。

4. 支持性

教师完成实践任务的过程应该是持续性的自主探究过程，导师的指导应注意扶放结合。在提出任务要求的同时，还要考虑设计必要的、简明的"思维支架"作为研修工具。在一组具有方法意义的追问中，在若干有结构意义的关键词的提示下，教师将学会自主解决问题，并同时形成可以迁移的思考问题的基本模式。

5. 可生成性

反思完成实践任务的过程有助于生成改进实践的思路、方法和策略。当然，有些任务要求人人独立经历和完成，也有一些任务需要分工合作来完成。组织者要通过高质量的活动策划，引发学员的鲜活思考与主动回应。

（四）微型讲座

在通常的教师培训中，活动的主要部分是专家讲座。但在实践研修中，专家的指导介入方式应立足在学员的基础与现场的生成之上。导师要"让台"，改以更加精练的、更有针对性的"微型讲座"来点拨。一方面，导师要缩短讲座时间，直面现场生成，将讲解穿插于研讨活动中；另一方面，导师须放下身段，用基层教师的话语系统和惯用方式与他们交流，以共同交流的机制替代报告厅中的"单向广播"。所以，策划实践研修时组织者需要有自我革新与自我挑战的精神。

（五）策略与方法的生成

学员在实践研修中最直观的收获是解决问题的策略与方法的生成。在围绕教育教学实践问题的探索与研讨中，学员们肯定会有许多经验与思考，导师们也会有许多分析与建议。尽管这其中的很多是间接经验，但这是传统的教师研修活动较为关注的成果。对于一线教师来说，接受别人的建议，并与原有经验相结合是一种重要的学习方式。

（六）体验与体验的交流

体验是基于真实经历的认识，是实践研修之于学员的与众不同的收获。很多认识与能力是无法在听人转述的过程中获得的，而要置身于具体情境、任务与角色才能体悟。所以，教师研修不可忽视直接经验的学习。在前文所述的语文教师实践研修策划中，组织者就充分地利用多角色体验帮助教师更完整与深入地理解教学要领。这种角色易位所得到的体验，以及这种体验的交流，会对这些学员的未来从教生涯产生重要的影响。这种创设情境的手法看似简单，其实充满智慧。

（七）行为跟进的建议

实践研修必然指向后续行为的跟进。如果研修的结果仅仅是"光说不练"的议论，那是严重的浪费。在关于日常教学实践的研讨与探索后，教师必然要形成关于后续教育教学行为的改进方案。这可能是对实践研修的收获与成效的重要检验。

（八）团队文化的营建

在教师研修中，团队文化的影响很重要。如何根据学习任务的特点以及团队研修的组织机制，培育有利于教师协同学习与合作发展的共同体，形成有利于教师研修的多种互动关系，激发教师参与的积极性与创造性，是提高实践研修策划质量的一个要点。

案例 7-2

初中学科考试命题实践研修

2013 年，浙江省教育厅教研室采用实践研修模式，组织了面向每市每学科 2—3 名骨干教师的初中学科考试命题高级研修班。这个为时 5 天的研修包括培前与培后作业，主要有以下 6 个环节：

（1）提前作业。学员需要事先原创命制半份试卷，并发给班主任，带着原创命题的体验与初步素材参加研修。

（2）第一轮命题组卷。每学科各有 3 名有丰富命题经验的教研员受邀担任观察员，他们针对学员的提前作业做分析点评报告。每学科 32 名学员分成 8 个小组，根据中考相关要求与观察员的分析指导，以原有素材为基础，整合命制一份试卷初稿。

（3）第二轮命题磨卷。每学科再由组织者邀请一名理论基础较好的命题专家结合各组提交的试卷初稿，做学科命题技术及例评的报告，以帮助学员提高对学科命题技术的整体认识。然后各小组结合专家指导再磨卷，完成试卷命制，并梳理提炼命题技术与策略。

（4）说卷展示。各小组分别做15分钟的发言，阐述本组试卷的整体构思、重点试题的命制思路以及对命题策略的提炼与体会。然后学员与观察员集体评分，评选"优秀试卷"。

（5）命题技术生成性报告。全程跟踪指导的观察员在指导各组磨卷时，也有自己的思考，每人做30分钟的"生成性的命题策略与命题技术"微型讲座。

（6）事后每位学员上交一份关于命题策略与命题技术的思考以及一周研修的体会的文章。各小组的学员还自行约定回去用自己小组的试卷各做一次试测，再分享试测的分析反思。

按照这一方案执行后，原来以听为主的培训，变成在真实任务中的琢磨与提高。研修充分尊重学员的主体意义，任务驱动最大程度地激发了学员的积极性，同质专家与异质专家的互补指导则促进了理论与实践的结合。

这次学科考试命题高级研修班其实是实践研修模式的一种应用与发展，研修机制有所改变，实践要素贯彻始终。

因为本次研修面向有一定命题经验的骨干教师，所以研修目标的定位较高，要求学员培训前上交原创命题作业，在期待提高命题能力的基础上，还关注学员在理论素养、方法策略和命题评价方面的进步。组织者也按此确定需要邀请的指导专家人选。

研修的核心任务是命制一份试卷，从原创命题作业，到组卷、磨卷、说卷，实践任务步步推进，能力要求渐次提高。任务的责任与挑战性让学员们自始至终保持专注与投入。

活动邀请了高校专家与观察员两种类型的指导人员。专家讲座不再是居高临下的单向讲授，而是根据学员磨卷进程量身定制的、针对命题阶段成果的例评，有报告，但更多的是微型讲座，特别是渗透到各小组磨卷过程中的观察指导。

策略与方法的生成伴随着研修的全过程，渗透在小组磨卷过程中，并在研修后期达到高潮。特别是观察员们关于命题策略与技术的生成性报告，既是一种具有输出意义的学习，又带动了更高效的具有输入意义的进步。

分组研修使每个人都处于同组人的监督之下，无法松懈；同时又能从组内得到即时帮助，分享集体的智慧，让"伙伴的差异"也成为研修资源，和伙伴们形成学习共同体。组际竞争的引入，激发了教师们的热情与智慧。因为要评比优秀试卷，八个小组你追我赶，精益求精。

如果以"学为中心"课堂教学改革的分析视角来看这次实践研修，我们可以发现许多异曲同工之处。学员提前作业就是"先行学习任务"；观察员提前评析试卷相当于"学情及时诊断"；两组专家的指导讲座属于"教师针对性的指导"；学员分组磨卷就是"小组合作研究"；说卷展示与评比相当于"展示激励交流"；最后的生成性命题策略报告与学员体会正是"思维的激活与生成"。

实践研修模式的出现，引发了我们对教师研修机制的进一步研究。在分析从培训到研修的机制意义的过程中，我们倍感这一研究方向对教师教育领域的重要意义。

四、从培训到研修：教师教育领域呼唤课程改革

在探索形成教师实践研修模式后，我们进一步思考从培训到研修的机制意义。什么是培训？什么是研修？两者之间的区别是什么？从培训到研修，有着怎样的机制性进步呢？

2009 年，我曾随教育部人事司的一个培训团去澳大利亚考察。因为考察的主题是"中小学校长培训"，所以我们行前将"principal training"（校长培训）一词记熟，以便交流。但到澳大利亚后发现，当地人对这个词的反应有点迟疑。我们很纳闷，请教接待我们的华人教授后才明白，在澳大利亚，training（培训）常用于表示"技能性培训"，如厨师、驾驶员都是 training 出来的，但对于校长和教师，他们的固定搭配不是 training，而是 professional learning（专业学习）。他们采用"专业学习"一词替代我们常说的"培训"，透露了一个很重要的理念。

training 的主语是教授，宾语是学员教师；而 professional learning 的主语是学员教师。那么教授是其中的宾语吗？不是，教授只是一个条件状语。学习是学员

的事，教授只是学员学得更好的条件。这就是培训与研修的区别所在。

"培训"一词在潜意识里就有一个自上而下的俯视的姿态，但换成"研修"一词后，我们强调这一活动中的主体是学员，其中包含了"尊重学习者"的态度。这也是我们以"实践研修"一词来定义当前探索模式的原因。

近十年来，在我国师训干训领域"研修"一词也频繁出现。这体现了我们对传统培训的一种反思。不过在实践中，还是有一些冠以"研修班"名义的活动，其实还停留在普通培训的水平。我们必须重视从培训到研修的机制意义，这是事关教师教育领域发展方向的重要观念基础。

培训一般以听为主要学习方式，其作用主要是信息的传达与观念的冲击。它能够帮助教师理解一些陈述性的或程序性的知识，但在将知识转化为能力这一方面有着不可克服的局限。我们能够观察到的培训，常常是一个"始于讲"又"终于讲"的过程。慢慢地，培训组织者所在意的可能不再是学员经历培训后在思想与行为上能产生哪些变化，而是那个时段讲台上有没有做报告的人，他能否顺利完成"他的讲义"。人们对这种培训目标从学员的进步，悄悄"腾挪"到培训任务的形式化完成的现象已习以为常。

引入"研修"的概念，我们就必须把握好这一概念的真正含义，即以下四点。

（一）性质：教师根据专业发展需要而进行的自主性学习

比较"研修"与"培训"两词，我们可以发现"培训"一词的行为主体是培训机构，参加培训的学员处于从属地位，是被动地按要求来参加学习的，因而也就需要一种机制来督促甚至强迫他们来参加学习。而"研修"一词的行为主体是学习者。要让教师成为研修的真正主体，我们需要倡导教师根据自己的专业发展需要进行自主性的学习。导师在研修活动中的价值，主要体现在策划、引导和给予学员关键性的点拨与帮助等方面。

（二）内容：指向关于教师实践的策略性知识的学习

关于教师实践的策略性知识是当前教师缺少的默会知识。虽然难以对其确切定义，但我们已真切地感受到了它的存在与作用。实践研修的作用不是简单地传达它，而是唤醒教师的思考，唤醒已潜存在教师经验中的默会知识。

（三）方式：以经历为基础的体验和反思学习

以听为主的学习方式肯定不应是成人学习的最好途径。研修是以经历为基础，以体验和反思为主要学习方式的一种模式。要想提高教育教学能力，教师不可以寄希望于他人的给予，而要经历实践，在完成实践任务的过程中，产生有意义的体验与有价值的反思。即便是他人非常重要的建议，教师也仍然需要通过体验与反思将其转化为改进自身行为的"武器"。

（四）载体：蕴含研修目标的结构性的实践任务

有些研修班将学员派到学校一线，进行听课、上课、磨课活动，并将此称为"研修"。这一重视实践的做法当然是值得提倡的，但其中也有难以回避的制约因素，特别是导师的作用相对随意。其实教师经历过的"实战"已有很多，研修的关键在于对蕴含研修目标的结构性的实践任务的策划与设计，即如何让某一特定的"实战"具有明确的促进教师专业发展的作用。

在梳理了从培训到研修的意义后，我们认为，教师教育领域的课程改革时机已日趋成熟。正如基础教育课程改革一样，当前教师教育领域同样面临着课程发展的挑战。我们将这一挑战概括为六个方面：一是课程主体必须从授课者转变为学习者；二是课程要以提高教师的专业素养、执教能力与学生意识为目标，促进教师实践性知识的发展；三是课程的基本形式要从以讲座报告为主，变为以有策划和指导的改进行动为主；四是课程建设应以实践任务的策划和基于实践的理论生成为基本方式；五是课程评价应更为关注教师的体验，并以教师自我评价为主；六是组织者还要将研修后的教师行为跟进也纳入课程实施的范畴内。

第四部分

回归成长驱动的教师研究

第八讲

让教师研究返璞归真

　　对于教师来说，研究不是新增的任务，而是提高工作质量的一种工作方式。我们要简化教师研究的形式要求，尊重日常教育教学中朴素的非正式研究，让教师研究返璞归真。要彰显研究的实践改进意义，教师研究就是"寻招"的实践，是"从问题到建议"的探究过程。要彰显教师研究的学习意义，教师做课题就是以研究的名义开展专业学习的过程。

在第六讲与第七讲中，我们研究讨论了怎样基于"研修"的思维组织有效的教研活动与培训活动。在本专题中，我们将重点讨论如何引导教师开展有效的研究，包括正式的立项课题研究与非正式的自然而然的草根研究。

在关于教师研究的这个专题中，我们将讨论以下五个问题：

第一个问题：如何基于对中小学教师研究数十年发展的思考，理解教师研究未来发展与进步的方向？

第二个问题：如何简化教师研究的形式要求，让日常教育教学活动中的非正式研究更有积极性和方向感？

第三个问题：为什么要强调中小学教师研究的实践取向？

第四个问题：如何基于课题研究组织有效的教师团队研修？

第五个问题：如何通过管理制度建设促进教师更有效地开展研究？

一、对教师研究的反思及其回归

本专题没有采用大家熟悉的"中小学教育科研"一词，而以"中小学教师研究"来讨论，只是因为我们想突出以中小学教师为研究主体的、旨在改进教育教学实践的研究活动。我们特别强调其"实践取向"，以便与以专业工作者为主要力量的"学术取向"的研究相区别。

讨论教师研究的定位与方向，还需从其兴起与发展的历史说起。回顾我国中小学教育科研的发展，大致可分为四个阶段。

（一）自然融于教育实践中的教育研究

民国时期，陶行知、晏阳初、梁漱溟等教育家既研究社会现实，又研究教育改革；既研究教育理论，也研究教材教法和教学组织。当时，"教研""科研"尚未分化。中华人民共和国成立初期，国家为了迅速解决当时的师资困难，建立了各级教学研究机构，开展备课辅导和教学研讨，编写学科教学资料，帮助教师改进教学。这也成为教研系统的工作传统。犹如技术从科学中分离出来一样，"教学研究"从教育研究中分离出来，侧重在教学的实践应用方面。几十年来，教研工作为稳定教学秩序、提高教学质量、提升中小学教师的教学水平做出了重要的贡献。这就是早期中小学教育研究的自然状态。除了朴素的教研活动外，研究方式还包括少数高校专业工作者与中小学教师合作的教育实验和以经验总结为主要方式的教师自发研究。当时的教师研究缺乏系统推进的规划，也缺乏成果意识。

（二）群众性教育科研的初兴

20 世纪 90 年代是全国中小学教育科研的初兴时期（北京与上海早于全国其他省份十多年），各级教育行政部门开始推动群众性教育科研活动。那些年里，"科研兴校"的主张得到了基层的响应，教师的反思精神活跃了起来，关心教育理论的教师多了，教育教学改革风生水起。很多教师通过教育科研方法的普及和教育教学改革活动的亲身实践，拓宽了视野，学会了研究，他们的教育教学能力也得到了发展。当时的口号是教育科研"要为教育行政决策服务，要为教育教学改革服务"。中小学教师研究逐渐从零星的、自发的状态走向有规划、有组织的状态，应用科学研究方法、从综合视角来探索教育教学活动的研究逐渐增多。教育科研的发展同时也促进了教研工作的进步。

（三）教育科研普及的繁荣与分化

21 世纪初的十年，随着基础教育课程改革的推进，教育研究空前活跃，"教研"与"科研"的互动与结合大大增强，课程、教学、评价等领域的改革如火如荼，教育管理、教师专业发展等方面的探索创新不断。各地在经历教育科研普及运动后，普遍建立起了课题与成果管理制度，像高校教师一样以发表论文、出版著作、承担立项课题或荣获奖项为标志的"正式研究"在中小学中逐渐被强化，教师的研究参与情况与教师业绩评价的联系愈发紧密。

在中小学教育研究繁荣发展的背后，研究实践也出现了明显分化。一方面，教师研究在推动课程教学改革中发挥着积极的作用；另一方面，在功利因素的影响下，一些异化的现象渐渐显现。2000 年，《上海教育科研》杂志社在一次研讨会上正面提出了"学校教育科研往何处去"的问题，尖锐地指出"真科研"与"假科研"的区别，并把"假科研"比喻为"塑料花"。① 华东师范大学的陈桂生教授与上海市教育科学研究院的顾泠沅教授都撰文回应了这一讨论。② 中小学教育科研确有一些发展中的问题需要反思，如：教师研究与专业研究混为一谈，好高骛远的、过于务虚的、生硬创新的研究不少，超越一线教师需要与能力的研究要求使一些教师对研究"敬而远之"；教师研究的评价局限于文本翻阅，拘于格式的、平庸模仿的、追求形式包装的成果渐多，"真""假"研究鱼目混珠；有些人将研究等同于申报课题与撰写论文，重在迎合外在评价的"审美"，忽视了研究的实践改进意义，脱离教育教学改革去做课题，助长了"重结果轻过程""重文本轻实效"的不当思想；大家过于强调研究的形式特征，忽略了未承担课题且无意撰写论文，却自觉自然地开展的思考与探索活动（可称为"非正式研究"），挫伤了部分教师草根研究的积极性；研究动机悄然变化，"成果驱动"替代"成长驱动"渐成主流，急功近利的研究渐多，潜心修学的研究渐少。

中小学教育科研中出现的这些问题，并非说明"教师不需要研究"，而是说明人们对中小学教育科研的特点、方式与价值的理解因人多而芜杂，在策划、指导、管理与评价中小学教育科研时存在着认识和技术上的问题。

（四）返璞归真的中小学教师研究

如何让研究与教学"无缝衔接"？如何看待研究中的"做"与"写"？如何变被动研究为主动研究？如何遵循中小学教师的职业特点开展研究？近十年来，在形式主义的研究有所蔓延之时，教师们对研究实践的反思也愈渐深刻，中小学教师研究正在走向回归，其目标已从"关注概念创新"渐渐走向"关注实践改进"。

如何让教师研究返璞归真？我有以下三个基本观点：

一要简化教师研究的形式要求，尊重日常教育教学活动中朴素的非正式研究。我们要让教师知道，研究就是提高工作质量的一种态度与工作方式。教师研究并

① 胡兴宏，等 . 学校教育科研往何处去 [J]. 上海教育科研，2001（2）：37-42.
② 陈桂生 . 漫话教育研究中的"塑料花"[J]. 上海教育科研，2001（4）：17-18.
　 顾泠沅 . 金达莱与塑料花：读《教师成为研究者》有感 [J]. 上海教育科研，2004（10）：34-35.

不都是做课题和写文章。教师琢磨一节课，就是研究；琢磨解决一类问题，也是研究。只要教师在完成工作的同时，不忘思考工作的策略，并可能因为策略思考而改进工作，我们就应该承认这些朴素的活动也是一种研究。

二要关注教师研究的问题解决行动，让教师从改进教育实践的案例积累做起。研究之所以是教师的需要，是因为它有助于教师解决实践中的问题。我们要坚持中小学教师研究的实践取向，突出在真实的教育情境中的探究性实践，鼓励"先案例积累，再思考提炼"的研究，少一些"先概念框架，再实践例证"的课题。

三要倡导基于课题研究的教师团队研修。在基层中小学，教师做课题的首要目的未必是创新，实践中并没有那么多"新"可创；做课题的首要意义是学习与钻研，是以研究的名义开展专业学习的过程。教师在研究中最重要的收获，也未必是创新的结论，而是面对学生、面对课堂的能力、智慧与信心的提升。

二、简化教师研究的形式要求

对于普通中小学教师来说，研究的意义是什么？它貌似是教师的新的任务职责，其实应是教师的工作方式，是一种指向专业发展的工作方式。

（一）研究是一种工作方式

在实践中，我们常会遭遇林林总总的困难与问题。面对这些困难与问题，不同的人处理方式不同。有些人等待上级领导的命令，领导怎么说，自己就怎么办，这叫"基于命令的工作方式"；有些人会凭着直觉和自己的经验来应对，原来怎么办，现在可以继续这样办，这叫"基于经验的工作方式"；也有一些人选择外出学习考察，找同行请教或到网络、书籍中找办法，这叫"基于学习的工作方式"；当然还有一些人按照"问题分析—对策探寻—实践观察—行动改进"的路径，了解规律，通过探索找到解决问题的办法，这叫"基于研究的工作方式"。

在现实中，这四种工作方式都是客观存在的，但不同工作方式的结果却各不相同。基于研究的工作方式更能透过形式把握教育教学的规律，并得到只有亲身实践才会有的体验与经验，这是教师专业成长的重要路径。

对于中小学教师来说，研究并不是新的任务，而应是一种习惯和工作方式。我们倡导教师以研究的方式来工作，通过研究促进自身的专业成长，而非将研究作为独立于工作之外的新增任务。

基于研究的工作方式会让教师的工作风格有所不同。具体来说，这种不同主要体现在三方面：一是善于透过成绩发现潜在的问题，并直面发展中的问题；二是善于洞悉问题的因由，在调查研究的基础上判断和分析；三是敢于尝试、善于实践，并能抓住可能的切入点，在探索性的实践中获取解决问题的建议。中小学教师研究的逻辑起点是"实践中的问题"，逻辑终点是"解决问题的建议"。所以，教师研究就是一个从"问题"到"建议"的探究性实践过程，也是校本研修的重要组成部分。

（二）重视对非正式研究的鼓励与引导

现实中，教师研究确有正式研究与非正式研究之分。过去我对此的感受不明显，但十多年前的一次经历打动了我。

案例 8-1

这些"研究"算研究吗

2009 年春天，我参加了温州市实验中学的一次活动，至今我仍印象深刻。那是他们的"教科节"，学校先安排了六位教师做分享，再请当时温州市教育教学研究院的麻晓春副院长、朱跃跃老师和我与大家进行现场互动，最后让我做小结发言。

教师分享环节非常生动、精彩，六位教师分别述说了他们的研究故事。例如：第一位教师讲的是自己在伙伴的帮助下研磨一堂课的故事；第二位教师讲的是自己从钻研解一道题到对一类题触类旁通的过程；第三位教师讲的是自己改变一名"问题"学生的经历；还有一位教师分享了一门校本课程诞生与迭代的故事。因为有十多年了，我已经无法记得所有发言教师的切入点，但我还能依稀回想起当年那充满感染力的现场氛围。当时，我隐约能感觉到教师们还想表达什么，因为这六个发言所讲的"研究"没有一个曾被立项过，也都不能整理起来参加评奖。那这些"研究"算研究吗？

到互动环节，我发现自己的预感是对的。教师们向我们直接提出疑惑甚至请求：为什么一定要立项的课题才能参加评奖？为什么要限定每所学校的课题申报数额？为什么教科院不接收关于解题研究的课题？课题报告是否有格式的要求？要写到多少字才可能获奖？……

面对教师们的真诚与疑惑，我很难说"不"，也很难再用事先准备的 PPT 来进行交流。我临场想到一句话——"让教师研究返璞归真"。于是，我就以此为题做了体会分享。那天的活动成果事实上也对浙江教研系统的研究管理产生了很大的影响，如温州的"教师研究成果挤水行动"就是受此启发而来的。

我们应如何看待这些日常教育教学活动中的非正式研究呢？

首先，要鼓励常态存在的草根研究。研究其实就是"基于实践的思考"加"基于思考的实践改进"。反思性、实践性、迭代性是其基本特征。只要教师注重在实践中的反思，也注重基于反思的实践改进，我们就应承认这些研究活动。淡化"身份标签"，突出反思与改进，有助于激发草根研究的积极性与成就感。这种做法就是一种更好的推广方式，能够促进更广泛存在的研究，呈现教育教学之活力。

其次，要探索与推广微型研究。要将研究的规模、难度与成本降下来，让研究更加伴随式、日常化。微型研究就是教师在日常教育教学实践中，及时梳理问题，提炼成小课题，继而探寻问题解决对策的过程。它具有切口小、周期短、重过程、讲实效等特点，鼓励教师针对实践中的关键细节问题进行反思、探究和解决，有利于促进研究与教学的"无缝衔接"。

再者，要适当缩小正式研究与非正式研究的"落差"，鼓励务实，抑制功利。研究尽量少以是否立项为门槛条件，而倡导朴素的反思与改进。相对来说，区域可能要顾及政策的连续性与校际平衡，而学校应根据实际，更加灵活地支持非正式研究。

最后，要引导非正式研究的专业化。这样做貌似降低了研究的要求与门槛，其实是以更务实的方式帮助更多教师展开专业化思考。因为教育教学实践的类型太丰富，不同实践类型的呈现方式又各有特点，所以我们要依循不同类型的特点，总结专门领域的研究方法，开展不同类型的实践研究的交流（如课例研究、命题研究、学生个别化教育辅导案例研究等），在分类交流中加强指导，提高研究的专业水平。我们既要尊重丰富性，又要保持方向感。

案例 8-2

项目化学习资源众筹建设与深化研究活动

2022 年的浙江省项目化学习资源众筹建设与深化研究活动有四方面的目标：一是建设一批优质学习项目资源，二是鼓励学校基于实践的项目迭代，三是推动项目化学习的校本研修，四是开展关于项目化学习设计与实施的微型研究。活动共分为以下三个阶段。

（一）资源众筹建设

资源众筹建设是一次有辅导意义的征集活动。浙江省教育厅教研室于 2022 年 1 月下发了征集通知，以及涵盖项目化学习主要环节和关键要素的统一模板，同时附有指导性质的撰写提示，要求学校根据模板整理曾经实践过的成功项目，4 月上传到资源平台。因为准备时间充分，在模板与提示的支持下，各校教师在撰写项目资源的过程中，再次经历了对项目化学习要素的学习。

（二）资源展评学习

各校众筹的案例在资源平台上开放呈现，欢迎教师以专业的眼光学习并点赞评星，通过有研修价值的互评活动，促进区域与学校间的交流学习。各地各校可基于平台上的丰富资源开展校本研修，让教师们带着量规学项目，理解项目化学习设计与实施的要领。

展评结束后，主办方根据专家评审，结合平台上的评星情况，通过分级标识使优质项目资源沉淀下来。

（三）学校深化实践

资源展评学习为学校深化实践做了铺垫。5 月后，各校以平台上的优秀项目案例为榜样，在本校开展迁移实践与微型研究，进行迭代设计。选择相同项目的学校和教师还可以组建"项目研究共同体"，基于一个典型项目开展校际协作研修，基于微型研究进行项目迭代，在生成更为优质的学习项目的同时，研究解决项目化学习实施中的一些真实问题。

微型研究是 2022 年活动的重点，旨在引导学校就实践中的某一真实问题，开展行动研究，形成关于项目化学习的更深入的认识与解决问题的建议，提高项目迭代设计的质量，同时提升自身的方法论水平。为支持学校更好地开展微型研究，浙江省教育厅教研室提供了研究报告文本框架（研究问题、过程与方法、结果与讨论、反思与建议）和评价量规（见下表）。

微型研究的评价量规

评分要素	具体表现
研究问题	针对教师日常项目化学习设计和实施过程中遇到的问题，提出研究问题
	研究问题具有真实性，可通过微型研究解决，研究切口小
过程与方法	用流程图和文字清晰地呈现研究过程
	描述研究各阶段使用的方法和采取的具体措施
结果与讨论	说明各个研究过程得到的研究结果
	讨论微型研究在何种程度上解决了研究问题
反思与建议	反思研究过程和研究成效
	根据微型研究提出改进实践的建议，思考如何深化研究或提出衍生的研究问题

这是一个带动学校实践与校本研修的区域教研活动，有四个特点值得关注：一是活动将项目化学习设计、项目化学习实践、校本研修（教师群体学习）和微型研究四种类型的研究结合在一起推进，不同类型的研究有不同的标准与交流方式，在协同推进中能够很好地相互促进；二是特别强调的微型研究环节成为伴随式的、旨在促进实践深化的研究载体，提高了整个活动的学术水平，也对后续的实践发展影响深远；三是活动采用了有指导意义的征集方法，通过模板（众筹建设环节）、量规（展评学习环节）以及框架（深化实践环节），支持教师们的自主学习与研究；四是项目研究共同体能够以典型项目为纽带，推动校际协作研修的开展。

（三）改进教师研究的评价

在管理教师研究时，我们要适当淡化立项环节，增加认定性研究评价，只要研究的过程扎实、成果符合标准，即予以认可。

我们也要避免套用专业研究的思路与标准来评价中小学教师研究。当评价要求超出教师的实际能力时，研究者就可能被迫移花接木，抄袭成果。

我们还要克服研究评价中的形式主义，要求研究者简明实在地呈现研究成果。研究报告应尊重研究实践的类型，不必拘泥于形式结构；研究话语应通俗易懂，以同行能够理解的方式表述成果。

三、关注教师研究的问题解决行动

中小学教师研究不是为了建构新理论，而是为了改进教育教学实践。其逻辑起点是我们在实践中面对的问题，其逻辑终点是通过探索而形成的改进实践、解决问题的建议。所以，"从问题到建议"是实践取向的教师研究的方法主线。[①] 研究应从一线教师的工作特点出发，推行先积累案例，再聚焦问题，继而行动探索，再形成可推广建议的研究思路。

（一）注重案例积累

教师研究应从案例积累做起。在日常工作中，教师应学会及时记录教育生活中的所见、所闻、所思和所议，并整理有关的思考。这是教师的基本功之一。面对印象深刻的、典型的、有启发的事件，教师要有主动反思分析并将其记下来的习惯。教师要留意日常工作中发现问题并改进实践的活动，特别是对亲历过的改进实践的案例的积累，做到及时记录思考与分类整理提炼。深刻的研究、优秀的成果通常是在丰富的实践案例基础上的厚积薄发。

（二）重视问题聚焦

在积累案例时，教师要有意识地提高自己对问题的敏感性，从片断思考走向问题聚焦。回到实践，教师要善于透过成绩的表象发现潜在的问题，善于调查与归因问题的症结，善于抓住可能的实践改进突破点。好课题往往都有较强的针对

---

① 张丰. 从问题到建议：中小学教育研究行动指南 [M]. 北京：教育科学出版社，2013：37-43.

性与建设性，会指向一个具体的、客观的、有改进空间的问题，寻求该问题的普遍性解释与针对性解决方法，以形成改进实践的可操作建议。

（三）关注有效行动

教师研究一定是"做"出来的，而不能只靠"写"来完成。"基于行动的思考"与"基于思考的行动"交织在整个研究过程中。研究是教师在教育实践中的观察思考与干预行动相结合的"螺旋式发展"，是体现迭代精神的改进实践的持续行动。所以，它还要关注衡量实践改进有效性的方法，需要用实证来说明解决问题的实际成效，也以此作为行动迭代发展的支持性依据。

（四）论证推广可能

一项研究所形成的建议应对同行解决同类问题也有帮助。在完成研究时，研究者一般要形成一份反映理性认识与实践建议的研究报告，其中需要有关于成果推广应用的说明，要从可靠性、可行性、可能性三方面对所形成的建议进行论证。论证可以包括：解决问题的办法是如何得来的？有哪些优点与缺点？可操作性如何？在怎样的范围内适用？研究有哪些应用注意事项？已提供了哪些支持实践推广的资源材料？

案例 8-3

教师研究就是"寻招"的实践

浙江省嵊州市逸夫小学针对学校中存在的"教""研"两张皮现象，提出"教师研究就是'寻招'的实践"的口号，将研究视为在实践中寻求问题解决办法的行动，把以往分散进行的专业阅读、集中备课、磨课议课等活动都整合在小课题研究中，推广教育教学改进的"小行动"。他们改变了课题结题报告的格式，利用思考支架（见下页表）引导教师做简明实用的研究。

"招数"研究报告的基本体例

一、研究问题
要开宗明义地交代本课题意在解决什么问题，为什么该问题重要、值得研究。

二、"招数"的提出
要清晰说明本课题组最后提出的解决该问题的具体办法（包括方法、策略等），并就如何形成这些建议做适当说明。

三、效果和证据
就上述办法解决问题的实践效果做说明，并提供相应的证据。

四、讨论分析
对本研究及结论进行相应的讨论分析和反思，主要包括"招数"的优缺点分析、"招数"的使用注意事项、尚未解决的问题、继续研究的方向及设想、"招数"推广使用的可行性分析等。

五、附件
提供反映研究过程的证明材料，如活动大事记、听评课记录、研究反思日记等。

四、倡导基于课题研究的教师团队研修

中小学教师研究的任务不是繁荣教育科学，而是推动教育教学的改进，促进教师素质的提升。前面的讨论强调了教师研究的实践改进意义，接下来我们谈谈教师研究的学习意义。对于中小学教师来说，他们做课题的目的可能并不是为了创新，而是为了学习与钻研，以研究的名义组织大家一起进行专业学习，以课题为载体，团结有共同关注的志愿者，开展具体而有针对性的团队研修。

怎样的教师研究能够最大程度地体现其学习性，发挥其研修意义呢？我们从教师学习的常见形式的讨论中，思考促进教师在研究中有效学习的方法。

（一）教师学习的常见形式

教师学习的形式有很多种，如自主阅读与思考、现场对话与交流、基于网络的阅读与交流、参加有组织的培训活动、跟岗实践锻炼、亲历探究性的教学改革实践等。从组织性、实践性和沉浸性看，不同的学习形式各有特点，体现了不同的学习机制（见图8-1）。

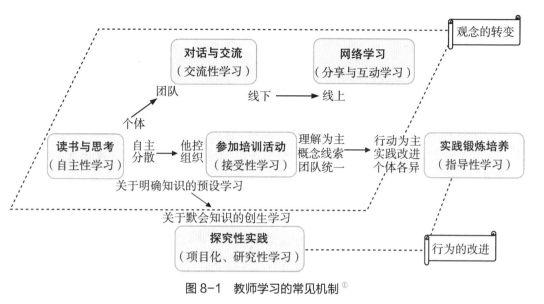

图 8-1　教师学习的常见机制①

图 8-1 中的"学习"是广义的，它包括促进教师学习成长的诸多方面。左上方的平面包含的是一些旨在转变观念的读书、交流和培训等学习形式；而平面右下方代表的是实践性较强、旨在改进行为的学习。亲历探究性的教学改革实践是研究特征最突出的教师学习形式，我们简称其为"探究性实践"，它代表教师学习的关注点从"观念的转变"转向"行为的改进"，其要克服的正是"观念与行为的距离"。

图 8-1 中多数的学习形式指向"明确知识"的学习；而教师们为解决真实问题而开展的探究性实践，指向的主要是尚不明确或难以明确的"默会知识"的学习，是项目化的、基于研究的学习。在研究与实践中的学习是最有价值并富有挑战性和创生意义的学习。这是教师学习的高级阶段，是教师走向成熟所必须经历的学习。当然，这种学习形式应以前面诸类学习为基础。所以说，教师学习是教师研究的基础。

（二）如何促进教师在研究中有效学习

教师在课题研究中的学习与学生在项目化学习中的学习有些相似，都要经历

---

① 张丰. 校本研修的活动策划与制度建设 [M]. 上海：华东师范大学出版社，2007：117.

提出问题、解析定义问题、持续性实践探索、体会反思、成果展示等环节。正如项目化学习的赋权意义一样，因为有研究任务的驱动，教师会表现出较大的学习主动性与积极性。促进教师在研究中有效学习的方法主要有以下几种。

1. 文献与经验的学习

在研究中，教师需要了解研究背景，了解同行在同一领域已做过哪些研究、已有哪些相关的解决问题的办法，这就要重视文献与经验的学习。这是基于自主搜索与阅读的思考。

我们之所以将经验也视为一类文献，是因为实践取向的研究需要这些特殊文献。有些经验已经经过了抽象和概括，描述的是能够适应广泛情境的思路与做法；但也有一些经验是与具体情境紧密相连的、典型个案式的第一手资料。

2. 思辨与分析的学习

对于纷繁芜杂的实践资料，整理分析是非常重要的学习过程。

教师首先要善于找特征，然后就特征进行分类，这是研究前期能否有所突破的关键。对于较复杂的实践资料，在特征分析前，教师还需思考有哪些可能的分析维度，以更加多元的思考促使研究更为深刻。

在基本完成资料整理分析后，教师要进一步聚焦问题，进行问题界定，明确研究讨论的边界；梳理研究思路，规划需要涉及和展开讨论的问题。这一思辨过程是非常锻炼人的，其本身就是一种学习。

3. 结合实践规划与群体研讨的学习

一个课题的研究推进其实有三条线索：一是"实践线"，它是指教学改革的实践过程，是以工作开展为目标的；二是"学习线"，它是指过程中的教师学习，包括理论学习、实践研讨和自主钻研等，是以教师专业进步为目标的；三是"研究线"，它是指探寻问题解决办法的过程，是以课题组在认识与对策上的进展为目标的。

在课题研究中，"学习线"的有组织的理论学习和实践研讨很重要，是实践与研究的重要支持。教师要服从"实践线"的目标与节奏，规划"研究线"与"学习线"的工作。"研究线"主要是教师个体在日常时间中，围绕研究主题的分别探索思考；"学习线"则统筹研修活动的策划安排，包括研修主题、资源、任务、组织等的选择与设计，也包括促进教师深入参与、对话研讨和有所收获的方法的策划。

案例 8-4

学科项目化学习的实践推进与研修策划

学校启动课题"学科项目化学习的设计与实施"，计划在当年4—5月以课题组成员为核心带动全校开展学科项目化学习，于是制订了半年的研修与实践计划。

（1）1月学校组织课题启动研修活动。课题组成员先通过两个微型讲座学习"项目化学习要素"和"开展微型研究的方法"，然后分3组讨论学科项目化学习的选题，各确定1—2个适合本年段本学科的学科项目（可以是教材内容或者教材拓展内容），利用假期时间完成学科项目设计初稿。

（2）2月学校组织学科项目初稿分享活动，并要求各组于3月底前完善项目设计。

（3）各成员在学科实践、支持性学习工具、表现性评价3个方向中选一个作为微型研究的方向，分别搜索资源，开始自主研修，并于3月结合自己的项目设计，明确一个微型研究切入点。

（4）3月学校组织关于支持性学习工具、表现性评价的设计与运用的工作坊各一次。各成员至少参加一次，并注意将收获迁移应用到自己的项目与微型研究中。

（5）4月上旬学校组织关于学科实践的研讨活动。参与的成员先分别讨论本学科的学科实践常见类型，再进行跨学科讨论。

（6）各成员协同同年级同学科教师，在4—5月间完成一次约4课时的学科项目化学习，参照模板，及时整理形成项目资源，并及时反思，完成微型研究及小结。

（7）6月学校组织总结交流，各成员分享项目实施与微型研究成果。

推进学科项目化学习的半年规划

	实践线	学习线	研究线
1月	项目选题的讨论（事后分别完成初稿）	活动1：项目化学习要素与开展微型研究的方法的讲座	
2月		活动2：项目设计的分享	
		各成员在学科实践、支持性学习工具、表现性评价3个方向中选一个作为微型研究的方向，分别搜索资源，开始自主研修	

续表

	实践线	学习线	研究线
3月	分别完善项目设计	活动3：支持性学习工具工作坊 活动4：表现性评价工作坊	在自主研修基础上，结合自己的项目设计，明确一个微型研究切入点
4月	在常态课中实施学科项目，总结形成项目资源	活动5：分学科讨论学科实践常见类型，再跨学科研讨	结合项目实施，分别完成微型研究及小结
5月			
6月	活动6：项目实施与微型研究成果的分享		

在这个课题的半年规划中，三条线的任务计划清清楚楚。"实践线"以4—5月间实施一个项目为目标，按照发动、设计、研磨、完善、实施与总结的节奏和思路安排。"研究线"则抓住学科项目化学习的三个切入点，发动教师有选择地分别开展微型研究。"学习线"除了配合"实践线"安排三次过程研讨外，在3—4月就如何支持研究并促进实践策划了三个活动。支持性学习工具与表现性评价都包含设计与应用的实操，所以安排在完成项目设计前的3月，通过工作坊的形式进行。对于学科实践，教师们可能有自己的"前概念"，所以安排在项目开始实施后的4月，按照"先同质分组找共性，再异质分组促交流"的原则开展研讨活动。

4.基于持续实践的体验与反思

在第七讲中我们提到过，教师的学习不是以听为主要方式的，而是以实践任务为基础，以体验与反思为主要学习方式的。在课题研究中也是一样，我们要鼓励教师在一段时间的持续实践中，注重行动的反思，总结解决问题的办法；同时注重实践现场的体验，以多方立场的思考完善最后的建议。

5.文本表达与公开阐述的表现性学习

对于研究者来说，将问题解决的建议及其形成的过程写出来或说出来的过程，就是重要的表现性学习。在文本表达与公开阐述的过程中，研究者需要简明的陈述、准确的概括、合理的逻辑结构、恰当的建模与可视化表达，这些无不是附带表现性评价的任务驱动式学习。

教师做课题时一定要重视学习，以有效的学习支持进一步的研究和高质量的实践。我们倡导基于课题研究的教师团队研修，以落实研究的学习本质。

五、促进教师有效研究的管理制度

学校如何为教师开展研究，推进教育教学改革提供支持？如何端正教师研究导向，促进教师的有效研究？这就需要学校认真规划研究管理的基本制度，并将促进教师自主发展作为制度的核心原则。具体的制度可以包括以下几个方面。

（一）教师研究需求调查制度

我们要指导和帮助教师建立起从实践分析到问题聚焦，继而开展教育教学改进行动的习惯，可定期组织对教师研究需求的调查，以思维支架引导教师的专业思考，以群体研讨促进其成熟与聚焦。

教师研究需求调查一般在每个学期或学年结束时进行。组织者先将"教师研究需求调查表"（见表8-1）发给教师，让教师结合自身工作填写，然后在学科组与年级组会议上交流讨论，再确定下阶段的研究方向。相近研究方向的教师可以联合组成"问题小组"，进行共同探讨。

表8-1　教师研究需求调查表 [①]

填表人		教龄		职称		任教学科	
附议人							
实际工作中的问题与困惑							
可能的原因							
已采取的措施及成效							
拟在今后采取的措施							

通过对问题与困惑的整理归因，以及对初步实践的分析反思，教师可拟好下

---

① 汪利兵，等．教育行动研究：意义、制度与方法 [M]．杭州：浙江大学出版社，2003：70.

阶段研究解决该问题的基本计划。在教师研究需求调查的过程中，教师们朴素的研究已经开始。大家思考确定研究主题的过程就是一种教师自主研修。

教师研究需求调查的意义，并不只是为课题申报做铺垫，更重要的是要促进教师在日常工作中形成问题意识和反思积累机制，激发教师参与研究的内驱力。所以，我们要让这种工作方式成为潜在制度。

（二）教师研究的指导与支持制度

当前，教师研究已从"无规范"发展到"有规范"，下一步应该是在"有规范"的基础上"超越规范"。课题管理中的一些要求应该成为教师研究的支架，在教师初次接触时帮助其形成规范，并在教师基本掌握研究规范后鼓励教师超越规范，"独立行走"。

在基层学校，管理者应以校为本地推行微型研究，按照"从问题到建议"的思路，不求完整严密的课题论证，而是针对工作实际中的"真问题"，采用"小切口"的研究策略来解决问题。指导与支持微型研究有以下六个要点。

1."摸清家底"

管理者要全面了解教师们在关注什么，以及他们有哪些初步的研究雏形。对于实践类型丰富的非正式研究，管理者要在尊重实践特点的原则下，提升研究的方法水平。对于有些条件成熟的研究专题，管理者应争取将其纳入上级课题管理。余下的是大量有主题的微型研究和尚未提炼出研究主题的实践反思材料，学校课题管理要掌握并推动这些研究"萌芽"逐渐成熟。

2.分类论证

教师的研究选题不论成熟与否，肯定有其对实践的思考，包含其对研究的理解与思想方法。学校教科室每年应适时组织相似方向的教师分组召开研讨活动，让教师把提出问题的思考说出来，大家一起讨论论证，通过相近研究的交流碰撞，促进相互启发、取长补短。教科室主任还应及时进行干预引导或优化组合，帮助教师完善选题思考，形成协作研究关系。

3.搭建交流平台

学校要结合教研组活动或其他网络形式建立教师研究的交流研讨制度，提供平台供教师们发言、展示和评论。这不仅能促进信息的共享，还能利用展示所带给教师的成就感，推动其进行深入研究。

4. 巡访研究现场

反映教师微型研究情况的最好场所就是教育教学活动的现场。所以，教师研究的过程检查除了集中座谈点评外，还应更多地深入现场，一要看教师是否在真研究，二要帮助教师分析和提炼研究的特点，及时发现问题并调整。这完全可以和教研活动等联系结合起来。

5. 帮助总结经验

有的教师有着丰富的经验，但却不善于总结。因此，教师研究的管理者就要有指导教师进行研究总结的能力。指导者要把握研究者的思路，因势利导，而不是将自己的思路强加给他人。

6. 注意档案积累

教师实践探索的过程会出现很多精彩的实例和临机的"火花"。教科室一方面要指导教师积累资料，捕捉有价值的生成，及时整理提炼；另一方面要做好教师微型研究材料的归档，重视生成性材料的积累，以促使研究厚积薄发。

（三）成果推广应用的工作机制

在一线学校，有些教师做的是指向问题的探索研究，但也有相当多教师主要开展的是学习借鉴他人成果以解决问题的推广应用研究。所以管理者不宜用过高的标准要求研究都原创，而要从成果推广应用的角度，鼓励教师在学习与应用中实现自我提升。这也是将教师研究更好地与教育教学改革相结合的策略。

成果推广应用研究是教师面对新情境时对教育策略的应用、分析与体悟。其操作一般有以下三个环节。

1. 对成果的认识与解读

目前常见的成果推广形式有文本推广、分析报告、现场展示等。这些是成果推广的启动活动。在该环节中，教师们要理解成果的基本概念和价值，弄明白成果的实践形式及特点。

文本推广成本较低，它有利于概念价值的传递，但难以反映成果的实践操作。

现场展示成本最高，它以操作示范的形式展现，情境化程度较高，但所透露的思想、方法和策略有一定的隐蔽性，需要学习者有更强的领悟能力。尽管教师们更喜欢后者，但组织策划者还要从成果传达效率等更多方面来考量。

2. 成果的实践落地

教师在推广活动中所闻所见的成果，仍是别人的。只有教师在自己的教育教学实践中启动尝试，才是成果推广应用的开始。在成果落地的过程中，教师面对新情境展开探索，其研究机制是以迁移为策略，以丰富的实践案例为成果反映。从教师工作的实际需要看，成果推广应用研究也是教师研究的推荐形式之一。

教师参与教改成果的推广应用，除了对常见的课堂教学模式的学习与应用外，还有许多研究以课程教学资源建设的形式来体现。区别这是一项研究还是一项工作的关键在于，我们有没有按照问题分析的线索来明确行动的策划，有没有分析总结出能够更好落地的操作策略。

3. 操作策略的总结分析

成果推广应用研究不能仅仅停留在实践案例上，研究者还应在形成实践案例的过程中，及时将自己的想法、体会、经验和反思保留下来，并以此促进后续研究的完善。这些研究过程中积累下来的关于"为什么"和"如何"的思考，就是成果推广应用研究的原始雏形。在总结中，研究者要试着回答：原有成果的思想与操作是如何实现的？原有成果合理与否？原有成果有哪些闪光之处或局限之处？我在成果落地过程中做了哪些修正调整？成果应用中我还发现了哪些新问题？

成果推广应用研究的组织一般分为三步：先是学校组织相关教师学习成果，理解所指向的问题及解决问题的主要办法，提出本校实践落地的基本思路；然后教师们根据成果原型，结合实际进行案例开发和实践，并分析总结其中的策略；最后学校在汇集教师成果及案例的基础上，提出该成果的迭代模型。

案例 8-5

STEM 项目化学习的跟进实验

2018 年暑假，STEM 课程平移项目在杭州实施。来自美国印第安纳州的 30 名教师来杭走进课堂，组织中小学生开展为期两周的 STEM 项目化学习。全省各种子学校派遣骨干教师于 2008 年 7 月走进课堂全程观察学习，9 月回校开展跟进实验，探索 STEM 教育的本土化实践，研究项目化学习的设计与实施策略。

在课堂现场，每校的 4 人小组根据分工，每天进行课堂摄制与视频剪辑，完成课堂观察与课例摹写，并当天上交课堂视频（包含本课的基本环节、课堂观察要点的片段及本课教与学的典型片段）与课例分析（以书面形式还原课堂环节与教学要点，重点关注学生小组的学习行为与特点、项目任务单、评价工具等）。以视频备注形式进行课程说明与分析很有挑战性，大家常常为此研究制作到深夜。

按照要求，种子学校要在 9—10 月将观察摹写的 STEM 项目依样在本校实施（临摹实验），或学习应用其方法在本校实施另一相近项目（迁移实验），并提交跟进实验小结。杭州市卖鱼桥小学设想在学校"项目学习周"中组织六年级全体学生一起实施"交通工具狂想曲"这一迁移实验项目，研究部署如下：

（1）学校做好跟进实验的整体规划。扩大核心成员团队，结合校情确定迁移主题；研究外教课堂视频，明确学什么（如循环任务、过程评价……）和怎么学。

（2）学校在开学前做好项目整体设计。核心成员研究明确项目化学习的目标定位与主题，商议任务框架，设计项目任务，补充课程内容，开发各类资源。

（3）在开学初学校组织全年级教师的培训。校方利用暑期课堂视频组织课程理念学习与项目实施方法的培训，就任务设计思路、合作学习组织、项目评价等操作要点进行指导。承担实施任务的全体教师明确分工，集体备课，将项目设计转化为实施方案，做好实施前的准备。

（4）跟进实验在"项目学习周"如期实施。学校及时组织学习成果的分享，并要求教师保留丰富的过程资料，供后期继续研究。

（5）学校组织项目总结研讨。教师需要整理课程资料，开展课程调研，提炼实施亮点，反思迭代方向。

（四）教师研究的评价制度

教师研究工作的评价，应在引导教师积极、自觉参与研究的同时，促进他们的研究走向规范和深入；应在引导教师努力写作、发表论文的同时，促进他们提高自身水平和改进教学过程；应在引导教师个人深刻思考问题的同时，促进他们积极开展学习交流。这些导向如何体现在教师评价制度中呢？

现在的教师研究评价往往以每年写几篇文章、参与几项课题等量化成果为指标。然而我们认为，教师研究的年度目标应该被描述为学习研究活动和研究方向。我们可以让教师自订计划，自选年度研究学习的目标，将刚性的任务要求转化到体现导向的行动中。

案例 8-6

教师年度研修目标的规划

请教师们根据工作实际，在以下各项中选择 3 项作为自己的年度研修目标：

我选择

研读学习：1. 研读《＿＿＿＿＿＿》，结合学习与实践写 1—3 篇论文或案例。　□

2. 研读《＿＿＿＿＿＿》，结合学习与实践在学校教师论坛上做一次专题发言。　□

3. 阅读 3—5 本经典名著，做 40 条以上文摘或笔记。　□

案例积累：4. 做好班主任管理日记，写 2 篇案例或论文。　□

5. 开展 2 次以上综合实践活动，完成 2 则案例。　□

6. ＿＿＿＿＿＿＿＿＿＿＿＿＿＿＿。　□

课例研究：7. 研究打磨一节体现"＿＿＿＿＿"的公开课，做一次关于该教学模式的主题发言。　□

8. ＿＿＿＿＿＿＿＿＿＿＿＿＿＿＿。　□

专题研究：9. 研究专题：＿＿＿＿＿＿＿＿＿；预期成果：＿＿＿＿＿＿＿＿＿。　□

资源建设：10. 在学校 FTP 上传"我最满意的一个教学设计"。　□

11. 在学校 FTP 上传"我最满意的一份单元学习测试卷"（含命题蓝图与意图）。□

12. 在学校 FTP 上传"我最满意的 3 次课时作业设计"（含作业意图）。　□

网络教研：13. 在校园网"教师论坛"上发 3 则关于教育教学问题的有意义的主题帖。　□

我们要改变过去主要通过成果数量的统计来评价教师研究工作的做法，多多采用展示性的团队评价，让教师把一年来开展的生动活泼的研修过程拿出来展评，促进教师团队研修的开展和教师之间的成果交流。

案例 8-7

教师研修学术节

某校每年都要组织为期一个月的"学术节"活动，让教师们就自己一年来的学习研修情况进行小结和交流，并特意策划了数项展示和评奖活动，借展示促进学习，同时进行以同行评价为主的教师研修评价。活动分为以下几个环节：

（1）第一周，研修情况的小组述职。每位教师向教研组同事汇报介绍自己一年来的研修情况与代表性研究。教师研修不求全面，只需要在一两个方面有深入进展和相应成果。

（2）第二周，教学改革成果报告会。学校请开展专题研究和教学改革活动的教师介绍自己的研修成果与探索成果的过程，评选"教学改进奖"。

（3）第二周，研修活动交流会。各教研组以本年度曾组织过的最成功的一次教研活动为例，介绍本组的研修活动情况，由学校评选"活动策划奖"。

（4）第三周，研修成果展览。每个教研组将本组的物化成果集中起来上交给学校，学校会设置一个展览，由参观者打分，评选"团体组织奖"；学校对各组课程教学资源建设的情况进行评价，评选"资源建设贡献奖"。

（5）第三周，研修论坛。教师自荐介绍自己的论文、案例及研修心得，并由学校评选"优秀论文奖""教育故事奖""精彩发言奖"。

（6）第四周，研修工作报告会。各教研组推选本年度自我研修比较出色、研修成果比较突出的1—2名教师进行展示发言，并由学校组织专家评委与群众评委一起打分评选"研修积极奖"。

上述八个奖项还会折算成教研组的积分，由学校授予优胜教研组"研修综合奖"和"年度进步奖"。

案例8-7所反映的评价管理思想主要有：教师研修的目标要符合教师工作实际，要多样化、有选择性；管理者要重视从团队背景去评价教师研修活动的情况；管理者要多采用展示性评价的办法，促进交流以及交流过程中的研究；管理者要扩大激励面，让更多的教师在认真参与后能得到恰当的表扬；管理者还要关注教育教学改革过程，将教学改革活动的经验总结、课程教学资源建设等都纳入评价的视野。

教师研究的管理也是校本研修工作的一部分。如何让更多的教师乐于以研究的方式工作、以研究的方式学习？这将是未来校本研修制度建设的方向。

第五部分

促进团队发展的教师评价

第九讲

学校教研组建设

　　教研组是主动及时地发现学科教学中的问题，有策划地组织团队进行针对性研究，促进团队成员持续进步的教学研究共同体。我们要加强学科专业领导，重视教研组的教学过程管理职能与研修活动策划能力。教研组建设的评价须从关注静态结果转向关注发展过程，聚焦研修案例与活动现场的分析，将教研组评价策划为总结与推广校本研修经验的活动。

在关于校本研修的讨论中，教研组建设一般是不会"缺席"的。它是校本研修落地的基础组织单位，也同时承担着指挥教师有效开展学科教学的任务。目前，由于学校教师管理中存在着"重管理，轻指导"的倾向，教研组建设也存在组织行政化、活动形式化、成果功利化、功能单一化等问题。特别是学校规模扩大后，有些学校为加强年级段管理，弱化了教研组功能，对教师的专业发展产生了消极影响。

加强教研组建设是推进校本研修的一个重点。其策略主要有三方面：一是明确工作任务，加强专业领导；二是提高教研组长标准，培育核心骨干；三是正确评价引导，促进团队进步。

本专题将就上述三个实践策略，与大家一起讨论以下三个问题：

第一个问题：当前基础教育教学改革对学校教研组建设提出了哪些新要求？

第二个问题：教研组长应该有哪些能力，如何策划有效的能力提升活动？

第三个问题：如何策划引导团队进步的教研组评价？

一、对教研组建设的要求

在我国，教研组是主动及时地发现学科教学中的问题，有策划地组织团队进行针对性研究，并促进团队成员持续进步的教学研究共同体，是实施教师业务管理的基本单位。[①] 它应该具备三方面职能：一是保证学科教学质量；二是开展学科教学研究；三是促进学科教师的专业发展。

各地都有关于加强教研组建设的要求与措施。杭州市上城区提出了学科教研组规范化建设的要求，将学科教研组的工作任务概括为落实教学常规、传递教学经验、共享教学资源、管理教学过程质量、开展教学改革研究、组织策划校本研修、组织学生开展学科活动等，并从计划、实施、反馈评价和档案建设等方面提出了完成各项任务的规范要求。[②]

---

① 张丰. 校本研修的活动策划与制度建设 [M]. 上海：华东师范大学出版社，2007：190.
② 任敏龙，缪华良. 给教研组的工作建议 [M]. 杭州：浙江教育出版社，2010.

随着《义务教育课程方案（2022年版）》的颁布，基础教育迎来了素养导向学习的新时代。这对教研组建设也提出了新要求，教研组应更好地发挥在学校中的专业领导作用。

（一）有学科建设的思维与视野

课程改革积极倡导学校在课程实施中的自主权和创造性。这对于长期以来习惯以执行态度对待国家课程的基层教师来说，挑战和困难不小。学校在整体研究课程方案、课程标准和教材等的基础上，要认真制订切合本校实际的课程实施计划，在学科层面有更强的教学标准把握能力、教学过程质量自我监控能力、队伍建设与自我发展能力、教学资源配置和建设能力。中小学（特别是普通高中）可借鉴高校专业建设的思路，探索学科建设，加强学科专业领导。

要加强学科建设，学校需将教研组升格为学科组，扩大其职能，聘请有能力、有威信的教师担任学科组长，参与学校教学工作的研究与决策，提高教学改革行动的策划力和执行力。学科组应当统筹把握课程标准的执行，组织"课程二次开发"与选修课程的分工建设；健全尊重学科特点的教学过程管理制度，开展常态教学调研指导和教学改革课题研究；负责本学科教师的日常管理、考核评价与专业发展，包括制定促进教师个体成长的支持措施和组织教师团队研修的活动，特别要做好新任教师的针对性培养。学校要调整资源配置模式，将图书馆、阅览室、实验室、功能教室与场馆等设施以及一切可以为教学服务的资源进行"学科性重组"，尽可能地"靠近课堂、靠近教学、靠近师生"，提高资源与设施的利用率。

这一机制较传统的教研组有四点进步之处：一是教研组建设的关注重心从活动开展和任务完成，转向团队建设过程的动态管理；二是教师在课程实施中的能动性得到重视，课程实施的过程同时成为课程资源积累和建设的过程；三是教师在落实统一课程的共性要求的基础上，发展专业特长，互补共进，达成学科领域内的覆盖与分工；四是学校从学科应用出发，更好地发挥图书资料、实验仪器、场地设施等潜在资源的使用价值。

案例 9-1

美国高中的学科系部负责制

美国高中的部门设置一般包含两个系列。一是综合部门，如总办公室、指导中心、信息中心（如图书馆）等，有的高中还有针对学困生的个别化学习中心；二是学科系部，一般高中都有英语系、数学系、科学系、社会研究系、世界语言系、体育与健康系、视觉艺术系、表现艺术系、家庭与消费科学系、技术与商业系等10个系（在不同学校中，负责技术与商业等应用性课程的系的名称可能不同，但其他9个系的名称几乎都一样）。

学校将同一系部的教室规划安排在一起，便于系部的组织与管理。对于开设哪些课程、如何开好课程、选用何种教材、安排谁来授课、如何进行课程评价，甚至如何考核学科教师的工作，学科系部主席都有比较充分的权力，并承担相应的责任。不同系部教室的结构、设施、配置、装饰甚至形状都可能不同。这种体现学科专业特点的"学科教室"，有利于学科实践活动的开展，提高了课程教学资源的利用率。

结合我国普通高中的实际来看，学科系部就是学科教研组的升格。美国高中赋予学科系部较大的权力，其实质就是加强专业领导。这对于随规模扩大而出现加强年级段管理、弱化教研组管理现象的我国普通高中颇有启示。

（二）有发现并协作解决教学问题的机制

在教学中，教师们必然会遇到一些困难和问题。有些问题是共性的，有些问题是个别教师偶尔碰到的。学校中能够帮助教师解决这些问题的，通常是同一教研组中的同事。教研组有义务建立一个协作解决教学问题的机制。这种机制也正是教研活动选择主题的基础。

优秀的教研组往往善于主动、及时地发现学科教学中具有普遍性、关键性和代表性的问题，并以此作为教研组学习与研究的重点，组织团队策划针对性的研究。譬如《义务教育课程方案（2022年版）》强调要推进综合学习，各门课程均要开展一定比例的跨学科学习。这是改变学生学习方式的一种尝试，也是学科教学中培养学生知识应用能力、问题解决能力的切入点。教师们对此普遍感到陌生，这就需要教研组主动组织教师开展学习与研究，帮助大家克服认识上的问题，以尝试推广等形式，推进综合学习的教学改革。

（三）有落实教学过程管理和指导的职责

教学过程管理的重要性众所周知。如果教学过程管理是学校行为，那这种管理就会多一些统一管理的色彩，缺少业务指导的成分；教研组作为被管理方，可能会产生应付态度，整个管理效力会下降。其实，教学过程管理的本质不是评价，而是督促与指导。教学过程管理应充分赋权到教研组，让教研组切实承担教学过程管理的职责，这样才能真正落实管理效力。但是，目前教研组在落实这项工作上不甚得力，并未承担起该职能的主体责任。教学过程管理的疲软走样，是很多学校教育教学工作的隐忧。所以，强化教研组在落实教学过程管理中的职责非常重要，其关键在于管理与指导的结合。

（四）有多样化专业发展活动的策划

教研组是促进教师专业发展的基层组织单位。教师研修活动主要由教研组策划和实施。所以，教研组必须要超越原先作为"接受上级的指令与督查的教学管理组织"的职能，主动担负促进成员专业成长的职责。要实现这一要求，多样化研修活动的策划意识与能力特别重要。教研组要准确把握教师之需，做好研修活动的整体规划与策划；激活和培育教师的研究意识，建构对话、合作、反思、慎思的教研组文化；善于发现工作活动中的临时性因素，进行合理的利用或规避。

教师研修活动的形式很多。我们既要通过研修活动集合大家讨论交流，将教改精神传达下去，又要借集中研修活动促进教师日常的学习和研究，再将教师平时分散活动时的收获和成果引回到集体的平台上进行分享、交流和评价。专家辅导报告、课例讨论、案例征集与交流、课题成果推广、读书体会交流、资源建设和常规工作落实等都是教研组活动策划的选择。

（五）有合作提升学生学科综合素质的行动

教研组不能只盯着学科课堂，还要着眼于学生学科综合素质的发展，开展面向学生的、丰富多彩的、课内外结合的学习活动，如学生社团活动等。这些活动的组织开展不能只靠团委、政教处，那些能对学科学习产生影响的学校性活动应更多地由教研组担负策划指导的职责。

所以，教研组活动不能仅仅局限在教师研修活动的范畴，还要扩大到面向学生的延伸性的学习实践。教研组成员们要发挥个体特长，集体面对更广泛的学生学习活动。其实，这种带着研究探索和交流协作精神改进学生课外学习的活动，也是一种很有收获的教师研修。

二、教研组长的专业支持

要加强教研组建设，我们就必须加强骨干队伍建设，重视教研组长的培养工作。上海市徐汇区教育学院曾提出教研组长的专业标准，认为教研组长应该是教学计划的执行者、教研活动的组织者、教师专业发展的引领者。[①] 我们认为，教研组长除了应具备优秀学科教师的素质外，还应具备四方面岗位能力：一是教学过程的诊断与指导能力；二是教学现象问题化的能力；三是教师研修活动的策划能力；四是行动感召力与团队领导力。

（一）教学过程的诊断与指导能力

教研组长要通过适当的工作载体，了解教师日常教学的情况，以尊重学科特点为前提，以教学常规为依据，开展教学过程指导。教研组长要有丰富的学科教学经验和深厚的学科专业素养，能够在与普通教师关于如何教学以及如何改进教学的专业对话与行动跟进中，提高教学过程的质量。

---

① 上海市徐汇区"中小学教研组长专业发展的行动研究"项目组.中小学教研组长：角色、培养与管理[J].教育发展研究，2006（6B）：52~56.

（二）教学现象问题化的能力

在学科教学实践中，教研组长应善于从纷繁的教学现象中，主动、及时、敏锐地发现具有关键性和普遍性的问题，并将其提炼为一个研究方向或研究主题。这要求以教学经验为基础，并能够反映一个人的研究方法论素养。从问题的背景、表现、归因到研究切入点的确定，教研组长应比一般教师更清晰、更娴熟。

（三）教师研修活动的策划能力

有效的研究一般是以若干有效的研修活动为基本单位的。教师研修活动不能只是例行的开会或听评课。教研组长要根据研究内容和团队的实际，像教师备课一样，策划教师研修活动。如何将一项研究转化为具体的研修活动，并在组织教研组成员共同参与的过程中取得研究进展，也是一门学问（可参见第六、七、八讲）。

（四）行动感召力与团队领导力

优秀的教研团队通常有三个关键特征：团队主流价值观鲜明，团队具有领导核心与凝聚力，团队学习共享氛围良好。要形成这样的团队，教研组长需要有较高的群众威信和一定的人格魅力，能够团结成员，成为团队的精神领导。

目前，各地都很重视教研组长的专业研修，组织开展了形式丰富的教研组长培训。但是，很多培训只是邀请专家做通识报告，然后分学科研讨，缺乏明确的目标指向与参与性活动的策划。如何改进教研组长培训，可能是进一步推进校本研修的一个瓶颈性问题。组织者可以采用实践研修的方式，改进教研组长培训。

案例 9-2

提升教研组长研修组织能力的实践研修

湖州市吴兴区组织教研组长培训，邀请我去讲课。基于对教研组长的工作角色的理解，我想让自己由一名主讲者，变身为实践研修的引领者，以让广大教研组长在真实体验实践研修的过程中，通过参与和互动提高自己的研修组织能力。当然，要让三百多人的培训互动起来，还真有些风险。全天约 6 小时的研修活动安排如下：

（1）抛砖引玉（20分钟）。请A小学英语组与B中学数学组介绍经验。两则经验介绍中，一则是教研组工作规划比较清晰，一则是教学过程管理落实得较好。活动以这两则案例为铺垫，是想说明较为理想的要求也是可以做到的。

（2）微型讲座A（60分钟）。以"教研组的任务与教学改进框架"为题做微型讲座，明确教研组工作任务，从教学常规管理切入，抛出教学改进的分析框架。这是一个基本立论环节，同时拓宽了大家的视野。

（3）共同作业A（15分钟）。请学员结合学科实际，写出三个目前本学科最应研究，且在本校能够行动起来的研究方向，并对研究切入点做出一定的分析。这是比较朴素的教学现象问题化的过程。

（4）交流研讨（40分钟）。请学员分学科交流讨论本学科近阶段的主要研究方向。

（5）大会交流（30分钟）。请三位不同学科的教师在跨学科对象面前交流本学科的教改方向，以帮助他们进一步佐证自己的思考。

（6）午间作业。请学员将上午商定的研究方向转化为一个立足本校的可行的教研策划。这是下午学习的"先行作业"。

（7）微型讲座B（80分钟）。以"实践研修与教研活动改进"为主题做微型讲座，介绍教师"实践研修模式"，分析有效教研活动的特征，理例结合地介绍策划与改进教研活动的思路。

（8）共同作业B（15分钟）。请学员在午间作业的基础上，借鉴讲座中的实践研修案例，设计自己的实践研修，迭代教研策划。

（9）交流研讨（60分钟）。请学员分学科交流各自的实践研修设计，形成教研活动的行动方案。

（10）大会交流（20分钟）。选择部分由教师交流研讨形成的教研活动方案，现场点评，并进一步强调实践研修的要点及教研活动改进的方法。

在这一面向教研组长的超大班额的实践研修中，各环节体现了教研组长的三方面岗位能力："微型讲座A"明确了教研组的任务，并整体讨论了教学常规管理的主要思路；"共同作业 A"重点关注教研组长的教学现象问题化能力；"微型讲座 B"与"共同作业 B"关注大家对教研策划的理解与实操。因为现场人数太多，现场作业以及基于现场作业的讨论不能太长，所以适当加长了微型讲座的长度，使传达更充分一点，同时现场任务重在简洁的思考和分学科交流中的相互启发。考虑到大家事先对教研策划不是很熟悉，所以设置了"午间作业"作为台阶，便于大家下午从一般的教研策划上升到实践研修。

目前，学校对教研组工作的关心与指导是不够的。学校应建立教研组长（备课组长）的工作例会制度，定期组织形式生动、参与充分的交流研讨。教研组长工作例会的主要功能是了解各教研组工作开展的情况和特色、下阶段的工作策划以及需要帮助解决的困难，促进组际工作策划的交流，统一学校教学研究的思路和部署。会议应由教研组长们做主要发言，学校领导与中层干部一同参加。大家要在互相鼓励的前提下，参与讨论，帮助教研组长们提炼工作经验，积极支持教研组克服困难。学校在上情下达的同时，也要做好下情上达。工作例会也可以开成现场研讨会，组织与会者一起观摩某一学科教研组策划的质量较好的活动，让大家在活动观摩的基础上，共同讨论这个教研活动案例对自己的启发。

三、促进教研组建设的团队评价

很多地区将优秀教研组评比作为推进校本研修的一大措施，建立定期评优制度。然而，有些地区的教研组评优还比较浅层，仍在关注"名特"教师的数量、教研活动的次数、教师业务获奖的成绩、教师完成的课题与论文数量等数据，没有切入教研组的核心功能与工作机制之中。我们认为，对教研组建设的评价必须从关注静态结果转向关注发展过程，从文本资料的查阅到活动现场的观察分析，让教研组评价成为总结与推广教研组工作经验的活动，成为促进学校更加重视教研组建设的督导活动，以切实体现评价对教研组建设的指导和帮助作用。

（一）教研组评价的关注点

1. 教研组成长发展的历程

教研组是一个连续发展的团队，有着自己的传统、成长的历程、发展的思路和关键的事件。在教研组成长发展的历程中，其工作的内在逻辑、重要成果的形成背景以及如何通过提出问题、解决问题的循环而取得进步的轨迹都显而易见。这些都可以供同行借鉴学习。

2. 提出和解决问题的机制

这是一个教研组的生命力的最重要的指标，反映了教研组工作的主动性、及时性、针对性和建设性。

3. 教师研修活动的策划与开展

教师研修活动的效率的高低，不在于例行教研活动的制度的多少，不在于教研活动频率的高低，更不在于活动的规模与气势的大小，而在于组织者是否具有有效策划意识和落实有效策划的能力。活动策划的典型案例能够反映教师们参加教研活动、课题研究和学习培训的基本情况。

4. 教师研究的实际作用与成效

评价教研组时，一方面要看组内教师"做了什么""做得怎样"，另一方面也要看教师研究与教研组活动的实际成效。教师研究是否有实际作用，需要我们在做教研组评价时认真甄别，也只有正确的甄别才会促进教师研究的务实开展。

5. 团结合作的教研组文化

团结合作是当前学校教研组建设中最难以实现的，因为教师评价制度尚无根本改变，团结合作的教研组文化只能处在倡导和自我觉悟的阶段。目前以教研组为主要责任方的教学过程管理还比较疲软，相互竞争的伙伴很难形成真正的互助关系，组内成员心里很难认同竞争者同时是伙伴的管理模式。但团结合作的教研组文化是校本研修最重要的"土壤"，仍需在教研组评价中坚持引导。

（二）教研组评价的主要形式

开展教研组评价时，不能为方便而简化评价活动。许多只是看材料、看荣誉的评比做法，对基层的导向恐怕是消极作用胜于积极作用的。我们应该从促进工作改进的目的出发，策划评价活动来唤醒教师进取的自觉性。教研组评价的一般形式有以下几种。

1. 资料档案分析

教研组在活动过程中积累的总结与资料，是评价教研组工作的重要依据。当然，在过程性资料积累方面，教研组也不必事无巨细地记载，而是要记录对改进教学和教研有价值的东西。评价时，要会识别真实、扎实的材料，不要被包装精美的材料欺骗。

2. 交流汇报

教研组评比的目的在于总结经验成果，促进推广学习。因此，不管是校内评比还是区域评比，都应该组织专题的交流研讨会，将优秀教研组的候选者集中起来，进行限时述职。述职不求全面，但求真实和有特色。这样既可以通过群众关注检验汇报介绍的真实性，又可以将好的经验做法宣传、推广到其他学校。

3. 研修案例分析

教师研究要多做案例反思。对于教研组长和参与教研组活动策划的骨干们来说，如何组织教师研修活动也是充满创造性的劳动，其经验也要通过不断地积累和反思才能获得。教师们参加教研组评价时需要附带反映教研组特色的、体现策划意义的、有价值的研修案例，这一方面能促使教研组注意对工作的反思，另一方面又能通过案例的积累与分析形成更多指导研修活动改进的策略和方法。

4. 教研活动的现场分析

如果有条件，我们还应该到学校去，深入到教研组的常态活动中去，评价教研组的真实工作。教研组评比活动的时间跨度可以是两到三个月，参与评比的教研组应将自己常态研修活动的组织规律告知区县教研室，教研室在不事先通知的情况下组织专家小组"参与"教研活动，这样教研室就可以掌握该教研组的真实情况。学校也无需对这一环节有过多的顾虑，因为评比的目的还是共同研讨校本研修的改进之道。

案例 9-3

教研组校本研修工作评估的创新策划

T市教育局启动优秀教研组评比活动，以总结推广基层教研组在校本研修方面的成功经验。活动要求申报的教研组上交一份自评材料与两份附件（包括研修活动案例与研究报告各一份）。为防止学校的总结材料过于笼统，教育局特意在部署通知中明确自评材料的提纲（如下所示），要求教研组从教学过程管理、教育教学改革、教师研修活动和区域影响四方面进行总结。这一指导性的提纲突出了在教研组层面落实校本研修工作的关键问题，促使教研组从更务实的角度思考校本研修的发展过程与操作特色。

教研组校本研修工作自评提纲

（1）教学过程管理

教学过程管理各环节的制度规定，哪些是学校制定的，哪些是组内约定的？

教研组自己约定教学过程管理规定的理由是什么？成效如何？（概括并举例说明）

教学过程管理相关制度规定的落地执行情况如何？（概括并举例说明）

（2）教育教学改革（附：两年内研究质量最高的团队完成的研究报告一份，不限是否立项）

教研组组织探索教学改进的基本情况如何？

（3）教师研修活动（附：一年内最有成效的组内研修活动的案例一份）

教研组研修活动组织策划的主要特色反映在哪些方面？是如何形成的？

教研组为提高研修活动有效性做过哪些努力与创新？（举例说明）

（4）区域影响（要客观，不要渲染）

近三年，教研组校本研修工作经验的推广情况如何？

近三年，教研组校本研修工作对区域的影响与贡献如何？

收到各校的申报材料后，教育局将申报单位向评估组汇报的环节集中起来，向各校开放，组织"教研组校本研修工作交流会"，由每个申报单位脱稿汇报10分钟，向兄弟学校代表介绍经验与工作特色。这既是交流推广、辐射指导，又是公开述职、接受评议。因为公开汇报和差额评比，申报单位必须拿出真实作为，从同行学习推广的需要出发总结经验，提高汇报质量。

在交流会上，评估组在听取介绍的同时，通过问卷调查（如下页所示）了解与会教师对申报单位的认同情况。同行评议侧重于经验的务实性、实效性和可推广性。

教研组校本研修工作开展情况的调查

1. 会后，就教研组开展校本研修的工作任务与思路，您是否已清楚？
2. 在这些发言中，您认为哪两个教研组的做法最受组内老师欢迎？
3. 关于教学过程管理，您觉得哪两个教研组介绍的经验最有启发？
（1）_____教研组的做法：_____；
（2）_____教研组的做法：_____。
4. 就提高教师研修活动的有效性来看，对我们同行最有启发的是哪两个教研组的经验？
（1）_____教研组的做法：_____；
（2）_____教研组的做法：_____。

交流会后，评估组还会选择好评度较高的教研组进行入校调研，这样做的目的一是核实情况，二是帮助教研组进一步总结经验。因为与评比相关，入校调研座谈会很难开。于是，评估组改变策略，不谈核实验证，而是让教师们谈教研需求，谈对改进教研活动的设想，把座谈会开成改进学校教研活动的研讨会。实际上，教师关于教研活动的思考，可以折射出教研组工作的状况。即便在座谈会小结时，评估组也避而不谈评价结论，而是整理大家的观点，总结大家的建议，为学校的进一步改进提供参考。

这样的评比组织思路与活动安排大大出乎了申报单位的预想，交流会、座谈会生成了许多连组织者都不曾预料的收获。

这次别样的评比有四个亮点：一是指导性的自评提纲，二是具有推广意义的交流会，三是促进卷入的现场调查，四是深化指导的入校调研。为防止评比走过场，组织者精心策划了这些元素，真诚地落实了"变评比为推广""变检查为调研"的指导思想。评比的目的其实未必在于评定工作的优劣，而是了解、发现与促进实践的进展以及对校本研修工作本身的调研。虽然评价通常是"对……的价值判断"，但我们尝试着将评价操作为"对……的系统调查"，视作"一个搜集和报告……的信息的过程"，以发掘评价作为一种促进发展的机制的价值。

校本研修的检查评估，本身就是一项研修活动，需要我们以研究的方式去改进它。在教研组评比中，我们要多用案例与事实来展示研修活动的成效，以此导向研修活动的真抓实干与策划创新；要突出教研组主动及时地发现教学问题，有策划地组织团队研究，并有针对性地解决问题的工作风格；要重视教研组教学过程管理和指导职责的落实，以进一步明确优秀教研组努力奋斗的目标。

第十讲

校本研修视野下的教师评价

改革教师评价就要关注教师成长进步的过程，尊重教师个体差异，促进教师进行有效的自我评价，强调教师教育教学能力的诊断分析和反馈沟通，构建促进教师自主成长的教师评价制度。我们要通过整合与策划教师评价活动，建立起由反思性的自我评价、诊断性的工作过程分析、发展性的工作绩效评价和记录性的专业发展评价等组成的教师评价操作体系。

教师评价制度是促进教师专业发展的重要因素，但也可能成为教师研修的制约因素。有些学校有很多规章制度，但教师们却缺乏参与的积极性；有些学校制定了很多促进教师研修的激励政策，但过多的外在激励却激不起教师内心的动力。能不能唤起教师主动成长的愿望，能不能让教师充分享受研究和学习中的快乐与"回报"，在一定程度上受制于教师评价制度。因此，教师评价是校本研修制度建设寻求突破的重要方面。

在教师评价这个专题中，我们主要讨论以下三个问题：

第一个问题：当前校内教师评价存在哪些问题？

第二个问题：改进校内教师评价的方向与策略是什么？

第三个问题：如何将校内各类教师评价整合成内在统一、各有侧重的教师评价操作体系？

一、当前校内教师评价的主要问题

从基层反馈的声音看，大部分教师对教师评价改革持担忧态度。教师评价评什么？怎么评？评价结果如何运用？教师评价看起来只是教师管理工作的一个环节，其实却是牵动课程改革和教育发展的关键因素。当前的校内教师评价制度主要存在以下问题。

（一）教师评价过于依赖外部激励，削弱教师主动发展意愿

传统教师评价强调外部评价，忽视源于教师自身的反思性评价。在这样的评价过程中，外部评价者（管理者）处于绝对权威地位，教师只是被动的、供外部人员评价的对象。这种以控制为目的，以奖惩为手段，由管理者掌控主动权的评价，其标准主要是管理者的意愿和价值判断。评价者往往从便于管理的角度出发制定评价办法，而忽略被评价者的主体价值。这样的评价与其说是评价，不如说是自上而下的管理。在管理主义倾向下，评价促进教师进步的功能被削弱了。教师在被动接受评价的过程中，难以主动反思和改进自己的作为。

由于评价与教师奖惩紧密相关，不少教师在评价中缺乏安全感，普遍担心自

己吃亏或有人投机钻营而获利，有的教师甚至会有惧怕和憎恨的心理。也正是由于教师评价的管理主义倾向，评价可能存在对教师尊重不够、缺乏平等交流等现象，甚至出现可能伤害教师自尊的粗暴方式。一些与经济利益挂钩的奖惩手段，忽视了对教师精神境界的提升，长此以往会偏离教师评价的正确轨道，磨灭教师的进取精神。如在某地《教师职业道德考核条例》中，44 项考核内容中有 27 项使用"不……"的句式。评价者滥用"不准……""不要……""不能……"，试图克服教师的缺点，却无视教师的情感体验，结果适得其反。[①] 这些评价语言反而会引起教师对制度的反感。

（二）教师评价标准相对模糊与划一，制约教师专业发展

教师评价应该为教师的成长进步树立努力的标杆，然而，由于教师职业特殊和评价技术薄弱，有些教师评价没有明确的标准，主观色彩浓重，受人为因素影响较大。有些教师评价虽有明确的评价标准（如对听课笔记、随笔、论文、教案等的量化规定），但却因评价标准过于固化和量化而步入误区。也有一些教师评价一味追求公平，忽视了教师的个体差异和教学背景，以统一、唯一、固化的标准来衡量所有教师；这种评价貌似科学公正，其实是另一种不公，因为每一个教师面对的教育环境、学生基础都是有差异的，关注绝对量的评价未必是合理的选择。

教师评价标准之所以模糊，是因为教师评价所关注的是思想观念与行为实践的综合评价，是实践过程与成果绩效的综合评价，是面对不同年龄与背景的差异个体的综合评价。教师在专业成长方面的很多有个性的努力是无法用工具测量的。然而，教师评价标准的模糊也可能会抑制教师的教学创新和自身潜能的发挥。

（三）教师评价过度聚焦学生分数，导致短视和急功近利

当前学校管理过于注重量化指标，过于强调学生考试成绩在教师业绩评价中的作用，甚至把分数作为教师业绩评价和奖惩的唯一依据，忽视了对教师各时期的进步状况和努力程度的过程评价，导致各方的短视与急功近利。这种教师评价

---

① 刘志军，张红霞 . 呼唤主体发展的教师评价 [J]. 基础教育课程，2005（7）：48-50.

貌似只是强调了实用主义逻辑，但过度聚焦学生分数却使教师因循守旧，使教育教学活动愈加呆板，使教师研究与教学改革失去"土壤"。

这种实用主义的评价策略有违学校教育的实际。有些学校将教师评价完全与分数和升学率挂钩，把各班的平均分、优秀率、及格率以及对比结果等详细资料公布于众，以刺激教师的"积极"努力。但这一做法带给教师的不是激励，而是焦虑。学生一朝考好，教师未必能说出成功经验；学生一次考砸，教师又对原因莫名其妙。要么模糊归因，后悔自己抓得不狠、磨得不够；要么消极归因，考好考差，听天由命。这种评价方法可能会在短时期内"逼涨"学生分数，但以"题海战术"和加班加点为代价换来的分数，可能会掩盖学生不当学习方式的潜在问题。

学业分数与教师利益的高利害关系会导致师生关系的异化，使教师不由自主地改变对学生的态度。教师可能以赞许的青眼看待为自己争脸的"优秀学生"，以嫌弃的白眼看待拖后腿的"学困生"，甚至可能出现一些蓄意弄虚作假的组织行为。这时候，功利可能就是对教育工作者职业良知的吞噬。过度聚焦学生考试分数的评价，对教师的专业发展与师德建设都是一种"促退"。

（四）教师评价过于强化横向比较，导致"竞争有余，合作不够"

目前，校内教师评价基本采用横向比较的策略，评价依据也相对单一。这导致教师相互间持保守态度，难以相互分享，而且这种制度的浸染越深，"竞争有余，合作不够"的局面就越难改变，以学校教研组为基础的内部学习和研究就越无法形成气候，教学指导对外来力量的依赖也愈加严重。这对教师研修和成长是非常不利的。

当业务工作被高度功利化，学校依靠刚性制度，强化横向比较，忽略人文关怀时，教师与管理层之间就会出现沟通障碍，以及关于学校发展共同愿景的南辕北辙。部分学校只求简单意义的教学质量，忽视过程评价，关注精细名次，无视教师成长，这也会导致一些教师产生消极抵触情绪。营造有利于教师成长的环境非常重要，但却异常艰难。

其实，当前教师评价中存在的问题还不止这些。这些矛盾与问题归根结底是绩效评价的简单化，是过于追求显性目标的横向比较。如果这些情况没能得到及时扭转，教师评价将会成为教师成长的"镣锁"，成为课程改革推进的"羁绊"。如何改革教师评价，是推进校本研修不可回避的问题之一。

二、促进自主发展：教师评价的变革方向

针对当前教师评价中存在的种种问题，大家都在积极从理论到实践地探寻教师评价的变革方向。2002 年教育部印发《关于积极推进中小学评价与考试制度改革的通知》，将"职业道德""了解和尊重学生""教学方案的设计与实施""交流与反思"作为教师评价的四方面内容，将"建立以校为本、以教研为基础的教师教学个案分析、研讨制度，引导教师对自己或同事的教学行为进行分析、反思与评价，提高全体教师的专业水平"作为教师评价的重要措施与方法。这标志着教师评价开始开始走向"校本"，聚焦教育教学过程，着眼于教师教育行为的诊断与改进。2020 年，中共中央、国务院印发《深化新时代教育评价改革总体方案》，明确指出"坚持把师德师风作为第一标准""突出教育教学实绩"等改革方向，要求探索建立中小学教师教学述评制度，完善中小学教师绩效考核办法。教师评价改革势在必行，我们应迎难而上。

我们要基于校本研修背景思考教师评价改革，将切入点放在激发教师内驱力的评价上。促进教师自主发展应是教师评价机制建设的核心原则，其具体思路如下。

（一）关注教师成长进步的过程

与学生评价一样，教师评价也有个体发展参照评价、常模参照评价等多种模式。教师评价的目的是促进教师的成长与进步，其评价操作也必然要从有利于教师积极工作、积极投身学习与研究出发。由于教师个人专业背景、教育教学经历以及所处工作环境（学校、课程资源、学生基础及其家庭背景等）的不同，教师评价标准应该是多元的，应该适当考虑学科、年级、教学风格、学生特点，甚至身体状况、生活水平等因素，尊重教师个体差异。

教师评价应更为关注教师成长的过程，以教师成长规划、教师业务档案、教师成长记录袋等形式，加强对教师师德与业务的成长过程的记录、展现和分析，指导教师制订专业发展的规划，为教师学习、研究及工作改进提供帮助。

（二）指导教师进行更有效的自我评价

俗话说得好，"外因要通过内因起作用"。要构建促进教师自主发展的教师评价机制，我们必须关注被评价者（教师）在评价过程中的作用，重视发挥教师自我评价（反思性评价）对于教师成长的作用。

目前，很多学校的教师自我评价有名无实。虽然教师期末都要进行工作总结，填写工作考核表和有关统计表（形式上兼顾了定性评价与定量评价），但是因为管理者一般不会认真阅看这些材料，教师敷衍应付的现象十分普遍。因此，管理者必须在认识上真正重视教师自我评价的作用，认真研究分析教师自我评价中提出的问题和总结的经验，及时与教师进行有针对性的沟通交流。这可以改变评价活动双方的关系，促进教师对整体评价制度的认同以及对评价结论的理解和接受。

为了促进教师进行有效的自我评价，我们可以要求教师将自我反思作为个人工作生活的重要习惯，及时找出自身素养中的薄弱方面，发现问题并主动改进提高。比如要求教师进行经常性反思与阶段性反思。前者与教师的教育日记、案例反思等相联系；《深化新时代教育评价改革总体方案》中提及的教师教学述评制度就是对后者的深化，旨在改变教师长期习惯的"教学总结"模式。

（三）加强教师教育教学能力的诊断与反馈

过去的教师评价强调的是对其过去工作表现的评判。然而，教师评价的核心目标是提高教师的履职能力和工作质量，评价必须更加重视其面向将来的一面，强调对教师教育教学能力的诊断分析，通过加强评价活动双方的反馈沟通，发挥其促进教师工作改进和自主发展的赋能作用。适当淡化甄别作用，着眼于教师的长远发展，是教师评价改革的主要方向。

评价绝不是游离于日常工作之外的专门工作。我们主张将评价活动糅合到研修活动的组织策划中，发掘教师日常研修活动中的评价因素，通过课堂观察、教学视导、教学过程管理等活动，在真实情景中诊断与评价教师，观察教师的教学方案设计与实施能力，关注教师是否了解和尊重学生。

要使评价成为促进教师自主发展的活动，评价者必须重视评价活动的反馈沟通环节。这其实是过去评价的重要缺陷。影响评价的反馈沟通的因素很多，评价者的工作风格是一个方面，但更重要的是可资反馈的信息数量。评价信息由于过于综合，往往缺少针对性；由于过于追求量化，很难描述出教育教学的具体改进建议。所以，教师评价应多采用质性评价技术，以观察叙事、访问调查、关键证据、教学档案等多种形式描述分析教师的教育教学状态和专业能力水平。

（四）重视促进教师合作的团队评价

在物质生活尚不富裕的时候，评价没有与资源、利益等紧密联系。那时候的很多评价往往较多地关注团队和集体。然而，在评价被"高利害化"后，对个体评价的关注渐渐胜过对团队的评价。但是，教师是一种独立性与合作性奇妙结合的职业。教师既要独立地面对课堂、面对学生，履行教职，又要在独立面对课堂之余的活动中，与同事有丰富而深刻的合作与交流。合作是他们更好履职的前提。

所以，要构建促进教师自主发展的评价机制，我们就必须要克服教师之间"竞争有余，合作不够"的问题，倡导教师团队评价，适当淡化教师个体评价。教师教学绩效的评价也要多以备课组、教研组为单位进行，促进教师的小组合作，避免在教师间形成过于激烈的竞争。

（五）将策划思想引入教师评价活动设计

不过，制度所描绘的是学校教师评价的总体框架和价值导向，真正反映一项评价的意义与效率的，还是评价活动的具体过程。评价不能局限于产生评判结论的功能，而应该被用作一种促进性的教育措施。例如，案例 9-3 的优秀教研组评比就因为引入了策划的思想而成为校本研修的推广与指导活动。这正是淡化评价的甄别功能，重视评价促进教师发展和改进实践的作用的体现。

要发挥评价活动的促进作用，评价者需要有策划的意识。促进教师自主发展的教师评价，应与教师研修结合起来策划。策划评价活动时应注意：

（1）要利用行政权威，但更要站在被评价者常态工作的立场上，尊重教师的工作特点，争取广大教师的认同、支持和积极参与。

（2）要以促进工作为前提，导向一致，操作简明，减少无谓的形式。

（3）要突出评价要素（维度）重点，明确评价标准导向，并将其向被评价者先行传达，以有效发挥指导作用，达成评价意图。

（4）要基于实践原型，准确把握实际工作中的问题，有针对性地策划评价的改进（如第二讲中提到的教师教案检查和备课管理改革）。

（5）要触动被评价者的内心思想，激发其深刻体验。

（6）评价过程设计中，要充分考虑干扰性信息的排除问题。

针对当前教师评价中存在的问题，我们要将促进教师自我发展作为教师评价改革的原则，关注教师成长进步的过程，尊重教师个体差异；指导教师进行更有效的自我评价；加强对教师教育教学能力的诊断分析和反馈沟通；重视促进教师合作的团队评价；探索教师评价活动策划，发挥评价促进发展的作用。

三、校内教师评价的整合与制度重构

目前学校中教师评价的内容主要有四方面：一是教师对自己工作、学习和研究情况的自我评价；二是对教师在教育教学过程中的表现及所反映的能力和水平的评价；三是对教师教育教学绩效（应是完整意义的学生素质提高和学业成绩）的评价；四是对教师参与专业发展行动的努力情况的评价。

要构建促进教师自主发展的教师评价，我们须将学校中各方面对教师的要求和评价都统整起来，以统一的评价指导思想将这些评价活动联结成有效工作的整体，避免相互之间的冲突与重复，以减轻教师的负担，凸显评价活动的有效性。

通过整合与策划教师评价活动，建立起由反思性的自我评价、诊断性的工作过程分析、发展性的工作绩效评价和记录性的专业发展评价等组成的教师评价操作体系，这就是学校教师评价制度的建设过程。

（一）反思性的自我评价

俗话说，人要有自知之明。反思性的自我评价主要指教师在工作进程中的即时性反思习惯和对工作的阶段性反思（如年度工作总结、专题工作总结等）。它是帮助教师形成自知之明的一种方式，能为教师的自我改进提供必要的心理框架，有助于教师发现自身的优势和不足，进而设定目标并实现自我提高。反思性的自我评价甚至可以视为教师参与研修的起点。

其实，我们一直在做却常常走过场的年度工作总结，就是一项值得充分利用的教师自我评价活动。这种自我反思的价值不能被形式主义所束缚。

1. 常态工作的即时反思

一个人的成长常常是从他对自己的"不满"开始的。保持常态工作下的即时反思，是为教师的"职业旅程"准备一盏"长明灯"。教师要对照自己的目标，对照工作的要求，考量和评估自己。一方面针对自己的所长所短，及时调整自己的教学方法；另一方面在实践思索中探求新的启示。

案例 10-1

以自我评价促进教师专业成长的活动策划①

浙江省温州市瓯海区景山中学策划了由"我看我自己""我学身边人""我做现代教师"等环节组成的系列活动，要求教师重视自我评价，努力通过学习与研究，做一个研究型教师。活动包括以下四个方面。

（一）我的职业生涯调查

组织者要求教师对照三个层次（胜任型、骨干型、专家型）的目标要求，开展个人职业生涯分析，提出自己本学期的发展规划，合理定位，明确目标，再经备课组讨论确认后，开展三个阶段的学习，并按照相应表格的思考支架进行反思分析。

（二）我看我自己

有效的学习从正确认识自我开始。教师分析自己当前的实际情况与近期目标

---

① 案例由浙江省温州市瓯海区景山中学薛忠敏老师提供，有改动。

的主要差距，撰写"我看我自己"反思性学习材料，通过对体现差距的典型事例的分析，进一步确定学习的起点。反思性学习材料一般包括现实情况、情境描述（案例）、情境分析、解决办法，以及所需帮助、近期目标、自评层次等部分。

（三）我学身边人

教师选择一名榜样，规划一个阶段的学习方案，并确定学习途径与方法。在学习过程中，教师须记录与总结"我学身边人"的反思和体会，检视学习效果，撰写关于预期目标达成情况的总结。

（四）我做现代教师

教师对照自己发展的总体目标，继续学习与探索，以实现理想中的自我。教师要具体将一个阶段的学习落实办法与目标达成情况记录下来，分析成效与进一步措施。

这是以教师自我评价为基础，激发教师专业发展的一种活动形式。其中，引导教师有目的地进行自我反思的，常常是教师个人的成长规划。所以，教师自我评价往往和教师成长规划联系在一起。

2. 改进教师的教学总结述评

对于教师来说，教学总结是一件十分熟悉的事，是教师的一项周期性任务。但是，我们一直没有充分发掘和利用这项工作的业务意义，只是一直将此作为行政管理制度的要求，年复一年地"有眼无心"地去做。

有学者将"教学总结"定义为教师依据一定的教学理念，对自己的教学计划、备课、上课、辅导、作业批改和教学绩效所进行的终结性总结；以教师所有的教学行为为反思对象，以追求教学内容、教学方法和教学绩效的合理性为基本宗旨，以教师的积极主动性为主要动力，以探索教学发展的规律性为主要目的，力图实现教学科学性与艺术性的统一；体现了教师阶段性的教学经历和教学感受，是教师下一个学期（学年）改善教学行为的物质见证，同时也是各级领导和教学论研究者了解教师、发现教学问题、探索教学规律、实现科学管理和理论研究的重要依据。[①]

---

① 赵玉生. 中小学教师学期（学年）"教学总结"研究综述 [J]. 教育科学研究，2007（2）：48-50.

尽管这一描述性的定义偏于理想，但其对"教学总结"对于教师专业发展的价值的肯定却是很有意义的。

（1）教学总结首先是教师工作的述职。它是对教师提高工作质量和自身素质的思考与实践过程的回顾，是教育教学过程管理的基础资料积累，是教师阶段工作（专题工作）资料包的"序言"。

（2）教学总结是教师对自己工作的评价。它不能停留在工作记载层面，而应有所反思、有所思考。其蕴含的思考研究价值，以及对后续工作、学习与研究的帮助，亟待重视。整理经验、梳理问题，是我们对教学总结的较高要求。

（3）教学总结是教师朴素研究的重要范式。教学总结本质上是一种经验总结，是对教学活动中产生的感性认识的理性整理。这其实是最朴素的教师研究，也是教师开展研究的底线。在长期形成的工作总结习惯下，引导教师进行研究性的经验总结并不轻松。

《深化新时代教育评价改革总体方案》提出要探索教师教学述评，要求教师对每名学生进行学业述评。这很重要。同样地，改革教学总结制度，引导教师对自己的教书育人工作进行认真述评也十分必要。我们要改变以往期末诵读总结加民意测查的工作总结形式，重视总结环节对教师工作承前启后的促进作用。教师可以从三方面进行总结：主要工作和重要活动的整理；解决问题的经验、成果与体会；对存在的问题的思考与对策设想。文体不一定很严肃规整，可以附上自己的一些反思、随笔和案例。这种"新教学总结"要求教师平时养成即时思考与记录的习惯，建立自己的"工作资料包"。

我们要让教师落实对工作的自我反思，认真盘点成果与进步，认真剖析问题和困难，认真评估自己的专业发展；要进行教师工作发展的阶段对比，分析教师的发展轨迹与进步台阶，包括专业成长的重要事件与策略；要促进教师工作成果的展示与推广，同时以教师工作档案的形式将成果收入教师的成长记录袋。

（二）诊断性的工作过程分析

诊断性的工作过程分析指的是学校组织力量（包括同行或专家）对教师教育教学过程进行比较系统的观察、检查与分析，关注教师教育教学能力水平及学校工作要求的落实执行情况。有些学校建立教学视导制，组织专家或同行进行常态课的观察、分析和指导；有些学校建立学生评教制，定期征询学生对教师教学的评价。此外，还有备课检查、作业评改情况检查等教学过程管理的相关制度，也都是对教师教学过程的诊断分析。这些做法的目的是发现教师在教育教学过程中的问题或经验，以便针对性地克服或推广。

我们要关注评价中的诊断与指导环节，这是教师评价与教师研修的联系之所在。有关教学过程主要环节的评价在前文中已有一些讨论，这里重点讨论的是关于常态教学的观察、评估与分析。

1. 评价的授权

实际工作中，这种以课堂观察为手段进行的教师教育教学能力诊断分析，就是我们通常所指的课例研究。这是教师研修的一种重要形式。不过，当课堂观察与分析被赋予评价意义时，当事人都会更谨慎些。对此，我们建议：（1）普通同行教师应是无评价责任的自由交流伙伴，学校应授权资深教师进行评价；（2）加强沟通反馈环节的建设性，减少评议讨论中的结论性、标签性语言；（3）增加课堂观察环节的结构性，适当引入观察技术，促使同行教师的分析更有深度。

2. 样本的选择："推门课"与"敲门课"

作为对常态教学的观察分析，我们应该提倡"推门课"，即在未事先通知的情况下，评课人员临时进教室"观""议"该教师的课堂教学。这是为了避免教师事先过度准备。这种模式目前广泛存在，但也有一些争议。

有的教师认为"推门课"评价色彩重，是基于不信任的教学管理措施。如果是以评价为主要目的的课堂观察，就应该让双方就评价目的、评价标准、评价方法等先达成一致意见；如果是以研修与指导为目的的课堂观察，就应该允许教师认真准备，甚至观课者还应与上课教师有比较充分的课前交流。这就是所谓的"敲门课"模式。

不过，我们认为，对教师教育教学能力及态度的观察评价需要结合使用"推门课"与"敲门课"。我们既要听反映教师自然状态下教学水平的课，也要听教师精心准备、充分发挥水平的课，而两者之间的差距也正好可以体现教师在平时教育教学中的投入程度。兼含评价与诊断功能的课堂观察和评议，应该是"推门课"与"敲门课"相结合的教学视导。

3.证据的采集：开放性叙事与结构性记录

课堂观察与评估本身就是一种专业发展模式。观察他人或被他人观察并接受反馈，都对教师有非常重要的帮助。可用于诊断分析的主要证据有非结构性（开放性）的观察叙事、结构性的资料记录和结构性量表等。

一般的观课记录与评析都是非结构性的观察叙事。观课者在描述课堂过程后，常从优点和问题两方面分别分析。当上课教师面对若干个类似的课堂叙事时，就可以具体地分析自己的教学特点及改进建议。不过，非结构性的观察叙事也有明显局限。它往往不够深入，表达笼统，教学改进建议的经验色彩相对较重。

表 10-1 是美国加利福尼亚普威学区的教师工作过程评估分析报告单。这就是一份结构性的资料记录与评价工具，也是采集到的证据的汇总清单。评价者围绕一个核心评价指标，通过多途径的证据收集，形成判断以及对判断的说明，并完整提供关于教师优点与弱点的实证资料（表式见表 10-2）。他们将教育教学过程的诊断与工作绩效的评估较为公允地结合在一起，二者较为客观和平衡地影响教师评价的结论。

表 10-1　教师工作过程评估分析报告单 [①]

教师姓名		课时 / 学科 / 年级		日期	
没有达标	达标	领域和指标		主要证据收集方式	
☐	☐	领域 1：计划和设计教学			
☐	☐	设计长期计划来完成年度学习目标		检查教师备课计划	
☐	☐	选择合适的上课目标			
		设计上课（包括学习）的基本环节			
☐	☐	领域 2：教学			
☐	☐	有效传递教学			
☐	☐	使用适当的学习材料和教学策略		课堂观察	
☐	☐	为所有学生创设学习机会			
		显示学科能力			

---

① 梁红京.区分性教师评价制度研究 [D].上海：华东师范大学，2004：118-122.

续表

没有达标	达标	领域和指标	主要证据收集方式
☐ ☐ ☐	☐ ☐ ☐	领域 3：课堂管理 提供一个积极的、能提升适当行为的学习环境 有效经营教学时间 防止不适当行为干扰教学和学习	课堂观察
☐ ☐ ☐ ☐	☐ ☐ ☐ ☐	领域 4：评估 建立清晰的表现标准 检查学生学习 在评估基础上调整教学 提供及时、准确和富有建设性的反馈	检查日常使用的试卷 和学生成绩记录册
☐ ☐	☐ ☐	领域 5：职业责任 遵守已建立的规则、规章、政策和法律 为学校的平稳运作承担责任	非正式的日常观察和 讨论

注：所有项目中被标为"没有达标"的须将书面理由填写在"支持性资料表"中。

整体判断:（　　）
A. 超出期望　　　　　　B. 达到期望
C. 没有达到期望

建议:（　　）
A. 不再续聘　　　B. 续 1 年聘约，干预
C. 续 1 年聘约，不干预　D. 续长期聘约

表 10-2　教师工作过程评估的"支持性资料表"

领　域	指示优点的资料	指示弱点的资料
计划和设计教学		
教学		
课堂管理		
评估		
职业责任		

4. 表现性评价标准：一种具有指导意义的支架

结构性记录所承载的就是关于教师教学的表现性评价，其中包含课堂评价的维度设置与简要的表现标准。课堂教学评价须基于对关键表现或证据的分析，同时又应为开放性分析留有空间。不过，我们更重视的是蕴含在结构性问题中的评价标准，它能够体现出更为明确的教学导向，是一种具有指导意义的支架。

案例10-2

评价教学过程的两组结构性问题[①]

在确定教学目标后，教师是否将教学目标转化为学生的学习目标？

（1）为实现教学目标，教师提供了哪些学习方法，进行了哪些自学指导？

（2）教师是否为不同层次、不同情况的学生提供了适合他们的学习策略？

（3）教师为帮助学生实现学习目标，制定了哪些助学策略？

在教学过程中，教师是否将教学活动转化为学生主动的学习活动？

（1）为实现教学过程中的多方面互动，教师制定了哪些积极措施？是否有效？

（2）教师能否根据学生接受知识时的表现和提出的问题，及时调整教学策略？

（3）教师能否及时抓住学生提出的各种问题，挖掘学习资源，显示教师主导的实力？

（4）教师是否表现出灵活、变化的教学风格？能否有意识地进行创新性教学的探索？

（5）教师辅导学生学习的能力水平如何？

其实，教师评价的意义并不仅仅在于评价活动中的指点和帮助。教师对评价标准的认同，在评价标准研制过程中的参与，都是颇有意义的教学研究。学校还可以策划关于如何协商形成课堂教学评价标准的教研活动，它会使评价的导向作用更加深刻。

在结构性记录中，对各维度与指标还有详细的分级评价表现水平描述的就是结构性量表。结构性量表也是课堂观察分析的常用工具。不过，我们必须承认目前大量使用的课堂教学评价量表不是严格意义上的科学的量表。关于课堂教学的描述是不可能如此轻易地被量化的，量化后的教学评价结论较难体现诊断和改进功能。

---

① 案例引自：潘永庆，等. 多元评价：创新教育的有效机制 [M]. 济南：山东教育出版社，2004：80. 有改动。

（三）发展性的工作绩效评价

教师评价强调过程的意义，并不等于我们"只管耕耘不问收获"。教师的工作绩效评价仍然是学校教师评价的重要部分。它是关注教师工作目标完成情况的评价，主要反映为学生的发展与进步，以及相关工作成果。由于人们对绩效目标的片面理解和过于追求量化评价的操作性，"绩效"在很多时候被等同于任教学科的学生成绩和升学情况。有些学校为追求数学意义的精确，掩盖了工作绩效的多因性、多维性和动态性，从而过分放大了评价的甄别作用，违背了以评价促进教师发展这一基本原则。

开展教师工作绩效评价时应注意：

（1）重视绩效目标的全面性和多元化。教师的工作绩效应包括学生素质发展与学业进步等综合方面，以及教师工作成果的进步。

（2）目标设置要有挑战性，但同时也要确保教师经过努力能够达到，以保证评价的激励性。

（3）尊重教师的差异，设定不同的绩效期望。一方面，不同成长阶段的教师绩效目标应有所不同；另一方面，在基本统一的绩效目标基础上，评价者应允许教师选择一些体现个性的目标，以鼓励特色发展。评价者还要关注很在意评价而过度投入的教师和对评价毫不在意且不认真投入的教师，在评价策划上做针对性的调节。

（4）探索增值评价，体现评价对教师工作发展的促进作用。评价不能总是看结果，要强调发展性的纵向比较，多看"进步的幅度"。增值评价会激励优秀教师保持进取，也有利于优秀青年教师脱颖而出。

（5）标准参照的评价和以横向比较、纵向比较等为策略的评价要组合运用。评价者不可过分应用横向评价，否则会破坏教师的合作氛围。

（6）要注意克服简单的量化分析，改进反馈运用的方法，使工作绩效评价与教师个体发展相融合。

案例10-3

分类授奖+等级制：教师综合评价改革的探索

某校策划了以"分类授奖"和"等级制"为特点的教师综合评价方案。改革思路主要有：促进教师在保证核心工作质量的基础上有差异地发展；尊重教师的工作特点，分类设计教师评价项目；防止量化评价的泛化；增加激励面，变"梭形激励"为"倒楔形激励"。

教师综合评价设置了八大项目（见下表），兼顾过程与结果等重要方面，采用等级制评价（分优秀、良好、改进三级）。不同评价内容根据各自特点分别采用标准参照、横向比较与纵向比较等评价策略。横向比较的项目分别设定"优秀"比例；标准参照的项目通过标准设定调节难度，使"优秀"比例为30%—50%，"改进"比例原则上低于5%。

教师综合评价的评价内容

	评价内容	奖项	指标主要内涵	评价方式	评价策略
1	教育过程管理	踏实奖	教学常规执行情况	过程检查	标准参照
2	教育教学能力	发展奖	教育教学能力的进步情况	同行/专家评价	纵向比较
3	学生的教育教学反馈	满意奖	学生对本班任课教师教育教学过程的感受及相应评价	以任教班级为单位的学生调查；学生座谈	横向比较，设全校前50%为满意奖
4	学科学生成绩（水平性评价）	优秀奖	所任教学科学生成绩的平均分、后进率及优秀率	几次主要学业考试的数据分析	横向比较，设全校前40%为优秀奖
5	学科学生成绩（提高进步情况）	进步奖	所任教学科学生成绩的相对进步情况	几次主要学业考试的数据分析	纵向比较
6	学生整体风貌	管理奖	任教班级的班风面貌、综合素质进步情况、班集体建设情况	组织对学生班级的多项目的评比	班级横向比较结果折算

续表

	评价内容	奖项	指标主要内涵	评价方式	评价策略
7	教师专业发展	丰收奖	参加学习研究的积极性；研究成果的产出情况；对集体研修的贡献；教研组校本研修活动的开展情况	教师专业成长记录袋；教研组（备课组）评比	以标准参照为主，结合纵向与横向比较
8	特长发展与特殊贡献情况	风采奖	学生特长发展、特色教育项目等的成绩；个人自主发展项目的进步情况等	面向部分教师，根据项目而异	标准参照与纵向比较相结合

　　每个项目中被评为"优秀"的教师将被授予对应奖项。学校要求每位教师在年终综合评价中，争取至少获得3个以上奖项；获得5个以上奖项者为综合优秀教师。对于各项评价中表现优异的教师，学校采用描述性表扬与经验推广的形式来激励；对于无奖项或有项目被评为"改进"的教师，学校通过沟通反馈分析问题，诫勉指导。

　　这一教师综合评价方案体现了"加强过程发展，降低考试权重；鼓励人人优秀，防止优秀'内卷'"的思想。其特点可以概括为：

　　（1）项目设置既保留了常规的学业考试分数评价，又通过"增值"评价使之体现发展性；同时增加教学过程管理、教师专业发展等项目，降低了考试成绩排名在教师评价中的权重。

　　（2）教师很难做到八个项目项项优秀，评价方案引导教师有重点地提高自己（至少三项优秀），但又鼓励教师"优秀"多多益善。对于不同发展阶段、不同特点的教师来说，这种选择性尊重了教师的差异发展，但也在引导教师全面发展，有利于教师把握长远发展与短期功利之间的平衡。其中的"风采奖"为教师的个性化发展提供了激励支持。

　　（3）通过每项30%—50%的优秀率和"八选五"的机制，评价方案扩大了教师的激励表扬面，帮助教师发现自己的长处，明确后续的努力方向。

　　（4）评价方案分类设奖，避免了传统教师评价中加权赋分后直接累加的不科学性，而且分类设奖有利于教师正确理解工作的目标与标准。

（5）在学科学生成绩的两个评价项目中，评价方案强调面向全体学生和学习困难学生的指导，关注后进率及其降低的情况，体现了绩效目标的教育价值。

（6）在"管理奖"与"丰收奖"的评比中，评价方案引入了学生班级评比和教研组评比，意在引导搭班教师和同教研组教师之间的合作。

教师的工作绩效评价是重要的，但不当的绩效评价可能会给学校文化、教师研修、教师专业发展带来消极的影响，甚至可能会事与愿违地影响考试分数的提高。案例10-3综合了原来的绩效评价和过程评价，旨在使工作绩效评价与教师个体发展相融合。

（四）记录性的专业发展评价

除了工作，学习与研究也是教师的重要职责，是教师专业成长的重要途径，理应纳入教师评价的范畴。教师专业发展行动因人而异，记录性的档案袋法是比较合适的反映形式。它将教师参与活动的过程资料及取得的成果收集起来，形成即时记述教师成长的履历档案，一方面可作为教师评价的描述性证据，另一方面可用来展现教师成长发展的轨迹。从目前的学校现实来看，这种评价形式与其说是对教师专业发展进行评价，不如说是对教师参与研修活动情况的管理。档案袋法主要围绕过程、成果和碎思三个要素。

1. 过程记录——以学习者的身份参与研修活动

学校常常用业务档案（成长记录袋）和学分制的模式管理与记录教师参与研修活动的情况。除了一些事件记录的证据外，一些有心的教师还会在业务档案中保存自己的读书笔记、研习随笔、实践反思等非系统化的思考和具有写实意义的材料，让档案袋成为自己研修的连贯故事。

2. 成果存档——以课程与教学活动的开发者的身份参与教学改革

对于教师来说，过程是路，成果是脚印。所以，教师要在业务档案中，保留自己在教育教学改革和研修活动中形成的各种成果，如学校课程、教学资源、学习项目、课例案例、论文报告、代表性命题、过程性评价项目设计等。它反映的是教师研究、探索、成长中的另一个相对成熟的故事，同时也为管理者的评价和同行的学习提供素材，使业务档案具有了展示性。

3. 检析碎思——以研究者的身份反思分析自己的教育活动与积累

过程记录和成果存档都是业务档案在管理方面的功能，其在研修方面的功能体现在它为教师研究提供反思的原始素材。一个有自主发展意识的教师会发现，经常回来检析曾经的碎片化思考，是一种很好的启发研究灵感的活动。我们可以从写实的故事中触摸一些有意义的现象和问题，也可以从自己曾经的研究成果和思路轨迹中捕捉与构架新的研究思路。检析自己的碎思和成果，每个人都会有敝帚自珍的感觉，都会油然而生成就感和责任感，这可能是驱使教师开展研修的自觉力量。

所以说，教师的业务档案中应该自始至终有自我评价活动的内容。这些内容在留下痕迹的同时也留下了思考，是教师关于如何提高自己研修效率的"元思考"。

案例10-4

在业务档案整理中分析与发现问题

学期结束前，某教师发现学生给他的评价满意度比往年的低了很多。对此，他深觉困惑。这学期他一直在研读学习教学理论，对学科教学的理解应该比过去要强很多，但为何教学满意度会下降呢？

寒假在家，他认真翻看了自己的成长记录袋，几篇发表的论文让他有几分自喜，但学生的几句评语更耐人寻味："老师这学期更会讲了，我们也觉得老师比以前讲得更深更透彻了，但总感觉留给我们的时间比过去更少了，也不需要我们想什么更好的办法了。"

认真寻思学生的几句话，他忽然感觉应该对比研究一下自己这两个学期的教案。真是不比不知道，一比他还真发现点问题。以前写教案，他好像都从怎样让学生更容易明白的角度出发。但在这个学期的教案中，他好像更多地关注怎样展示自己对知识点的理解，如何滔滔不绝地显示自己对所教理论的博学。这可能是源于他追求专业发展后，角色立场的悄然变化。他意识到，在下阶段自己应该更加重视研究学生、研究学习才对。

教师的业务档案是对教师开展业务活动的过程和成果资料的收集，是教师对工作、学习与研究的自我评价，也是管理者了解教师、评价教师的素材与证据。建立教师业务档案应与教师成长规划、研修活动考评等相结合。目前，还有一些地区在尝试建立教师专业发展的电子档案，以争取通过网络来进行教师业务档案管理。

追随：校本研修 20 年

2003 年，教育部启动"创建以校为本教研制度建设基地"项目，请时任上海市教育科学研究院副院长的顾泠沅先生主持，研究推动全国各地校本教研工作。当时我担任浙江省台州市教研室主任不久，便积极投身其中，开始了自己的"追随之旅"。台州也成为全国 84 个项目基地之一，将校本教研作为推进新课程改革的重要抓手。从那时到今天，不想已有 20 年了，校本研修已成为我此生耕耘较深的研究领域之一。

2007 年，我将硕士论文《校本研修的活动策划与制度建设》改写出版，以作为顾泠沅先生与王洁博士主编的"校本研修理论与实践丛书"中的一本。特别感谢王洁博士，她在最后成书阶段的悉心指导，帮助我实现了专业发展的重要进阶。那本咖啡色封面的小书只有五章，比较贴近实践一线，所以颇受读者欢迎。它从学校教学业务工作的反思入手，提出了"教师研修的层次性模型"，并结合活动策划与制度建设的案例，讨论了教育教学的过程管理、教研活动的组织策划、教师学习与研究的组织管理、教师评价等四个问题。它总结了我在台州期间的校本研修探索，是我追随顾先生做校本研修研究的早期成果。那本书的创新之处在于提倡以研究的策略改进教育教学过程，并进行了关于教师研修活动机制的探索。

此后的七年，我在浙江省教育厅教研室具体负责校本研修工作，组织实施"区域推进校本教研协作研究项目"，对校本研修的理解与实践又有了很大的发展。其间我曾以"校本研修的实践嬗变"为题，总结浙江校本研修的实践模式，获得了教育部基础教育课程改革教学研究成果一等奖。由当年的早期研究发展而来的成果——"理解和落实教学常规的实践研修"于2014年获首届基础教育国家级教学成果奖二等奖。那段时间，我曾与教育科学出版社池春燕老师商量如何将这些研究成果转化为较为通俗的专业出版物来传播，并设想以系列讲座的形式来写作。然而，因为这些年我一直在连续承担教学改革、教育评价改革、STEM教育与项目化学习等项目，写作迟迟未能启动。2022年国庆假期，我下决心启动《校本研修十讲》的写作，经过2023年1月的突击，书稿最终于2023年2月1日完成。

《校本研修十讲》是一本面向中小学教师、教研员和教学管理者的书。它保留并改写了《校本研修的活动策划与制度建设》的部分内容，按照彰显指导意义的教学管理、融于教改实践的教师发展、唤醒主体精神的教研策划、回归成长驱动的教师研究、促进团队发展的教师评价等五部分，展开十个专题，以浙江校本研修的四大特色为基本线索，讨论了学校开展校本研修的方法与策略。

顾泠沅先生曾在《从问题到建议——中小学教育研究行动指南》的序言中谈了我前期研究中的"三种研修策划"。在我的校本研修研究中，"策划"确实是颇有个人特征的视角，所以本书聚焦校本研修的策划与实践，提倡校本研修活动必须紧密服务于实践发展。在写作中，我希望能体现以下四个特点：

一是注重整体思考。我们认为，校本研修是学校落实教育教学常规、开展教育教学改革的基础，要从学校教学工作的整体来思考校本研修。任何教育教学工作都必须依靠教师的认识与能力的进步。校本研修相当于学校发展的"底座"，它是否"坚实"，对学校发展的影响可能是决定性的。因此，本书将校本研修作为学校教学工作的核心支撑来展开工作建议。

二是注重理例结合。本书是写给一线教师、教研员和教学管理者的书，必须着眼于提高教师在工作实践中谋划思路与组织实操的能力。所以，本书将当年提出的"教研策划"发扬光大，将策划思想作为主线贯穿始终，通过50余个案例，来阐释改进教学过程的研修策划、突破教师研修机制的活动策划、教师评价活动的策划等，理例结合地帮助读者理解策划、学会策划。

三是重视问题反思。我们常说，只有直面问题，才有发展突破的可能。本书各部分基本都是按照从问题反思到改进建议的思路展开讨论的，有关于教学常规各环节的反思、关于课堂教学的反思，以及关于教研活动、教师研究与评价的反思。正是问题反思的开展，为我们后续的实践改进提供了"钥匙"。

四是强调实践历练。顾泠沅先生曾说："以工作历练的方式取代以往的注入式培训是中国校本研修项目的历史成就。"我们在实践中秉承这一思想，探索怎样的研修策划才能让教师经历真实践，如何促进教师在实践中展开真思考。实践历练是本书诸多案例的共同特点，也是我们探求有效研修策略的关键设计。

从目录上看，全书各专题之间的联系貌似有些松散，但从引论部分的图 2 中可知各专题之间存在的内在联系。浙江校本研修四大特色中的两个方面——理解并落实教学常规的校本研修（第一至四讲）和教师研修活动的策划（第六至七讲）在本书中已被谈透，另外两个方面可分别与另两本拙作相链接。"研究学生"（第五讲）源于教师在"学为中心"教学改革中的觉醒，读者可进一步在《聚焦任务的学习设计——作业改革新视角》中探寻学与教的改进；"让教师研究返璞归真"（第八讲）正是我当年写作《从问题到建议——中小学教育研究行动指南》的初心，可在那本书中做进一步了解。

每一次写书既是一段专业修炼的过程，又是一段内心追随的回忆。作为一名来自小城的学者，在自己 20 余年成长进步的过程中，我有幸赶上"创建以校为本教研制度建设基地"项目这样一次时代机遇。在此，真诚感谢上海市教育科学研究院顾泠沅先生、周卫先生、王洁博士和当时还在教育部基础教育课程教材发展中心的刘坚教授的引领，那是一个"永远的长征"的起点。在浙江校本研修实践的发展中，我一直得到浙江省教育厅教研室刘宝剑先生、柯孔标先生的指导与支持，还有一群有创造性贡献的伙伴——朱"校本"（朱跃跃）、徐"常规"（徐和平）、赵"研修"（赵群筠）、张"作业"（张志伟）、缪"协同"（缪华良）、德"学力"（朱德江）、方凌雁、来尧林、郑陆敏、任敏龙等，在此诚挚致谢！最后还要感谢教育科学出版社池春燕老师和柯彤老师在将本书文字变成精美书籍时的智慧帮助。

限于自己专业能力的不足与视野的局限，本书难免有一些不当之处，敬请读者批评与谅解。希望本书对您有所帮助。

张 丰

2023 年 2 月 12 日

出 版 人 郑豪杰
策划编辑 池春燕
责任编辑 柯 彤
版式设计 孙欢欢
责任校对 贾静芳
责任印制 叶小峰

图书在版编目（CIP）数据

校本研修十讲 / 张丰著. —北京：教育科学出版
社，2024.2（2024.11重印）
ISBN 978-7-5191-3769-4

Ⅰ.①校… Ⅱ.①张… Ⅲ.①教学研究 Ⅳ.
①G420

中国国家版本馆CIP数据核字（2024）第021868号

校本研修十讲

XIAOBEN YANXIU SHI JIANG

出 版 发 行	教育科学出版社				
社 址	北京·朝阳区安慧北里安园甲9号		**邮 编**	100101	
总编室电话	010-64981290		**编辑部电话**	010-64981265	
出版部电话	010-64989487		**市场部电话**	010-64989009	
传 真	010-64891796		**网 址**	http://www.esph.com.cn	
经 销	各地新华书店				
制 作	北京京久科创文化有限公司				
印 刷	三河市兴达印务有限公司				
开 本	720毫米×1020毫米 1/16		**版 次**	2024年2月第1版	
印 张	15.5		**印 次**	2024年11月第3次印刷	
字 数	225千		**定 价**	56.00元	

图书出现印装质量问题，本社负责调换。